Die Waffen-SS
an der
WESTFRONT

Ian Baxter

Die Waffen-SS an der WESTFRONT

VERLEGT BEI
KAISER

Titel des englischen Originals: »Ian Baxter/SS: The Secret Archives – Western Front«
Einzig berechtigte Übertragung aus dem Englischen: Mag. Edith March
Fachlich redigiert: Hans Kaiser

Bildnachweis:
Fotos: HITM ARCHIVE
Dank auch an Richard White und Martin Kaludow für die
Überlassung einiger Fotos

Deutsche Erstausgabe

E-Mail: office@kaiserverlag.com
www.kaiserverlag.com
Dieses Werk wurde erstmals 2004 aufgrund einer Vereinbarung mit Amber Books Limited veröffentlicht.

Einbandgestaltung: Volkmar Reiter
Satz: Context Type & Sign Pink, St. Veit/Glan
Druck und Bindearbeit: Gorenjski Tisk, Kranj-Slowenien

Inhalt

AUSBILDUNG FÜR DEN KRIEG

Nach Deutschlands Niederlage im Ersten Weltkrieg stieg Adolf Hitler zum Führer der neu gebildeten NSDAP auf.

Die Sturmabteilung oder SA war für den Schutz bei Parteiversammlungen zuständig. Nach dem gescheiterten Hitlerputsch wurden SA und NSDAP jedoch verboten. Hitler, der nach seiner Haftentlassung 1924 eine neue Leibwache brauchte, ließ sich durch dieses Verbot nicht abschrecken. In allen NSDAP-Gauen wurden Ortsgruppen mit der Bildung von Schutztruppen betraut, die im Lauf der Zeit die Bezeichnung Schutzstaffel oder SS erhielten. Durch ihr hartes Vorgehen verschafften sich diese regionalen Stoßtrupps bald Respekt und bauten ihre Stellung innerhalb der NSDAP aus.

Als im Januar 1929 Heinrich Himmler zum Reichsführer SS ernannt wurde, nahm die Entwicklung der SS einen neuen Weg. Der bebrillte Diplomlandwirt, Sohn eines Gymnasialdirektors, machte sich an die Schaffung einer der berüchtigtsten Organisationen in der Militärgeschichte. Nach Himmler sollte die SS als Elite arischer Herrenmenschen konzipiert werden. Alle potenziellen Bewerber mussten sich durch Reinrassigkeit, gute körperliche Verfassung und vor allem durch absolute Führertreue sowie den Willen auszeichnen, ihr eigenes Leben für Adolf Hitler zu opfern.

Bis Anfang der 1930er-Jahre hatte sich die SS zweifellos zur auserwählten Truppe innerhalb der

Links: Das erste SS-Artillerieregiment für den Dienst in der SS-Verfügungs-Division entstand 1939: geübt wird mit einer 10,5-cm-leFH 18, der leichten Standardhaubitze des Heeres.

NS-Hierarchie entwickelt. Mit der brutalen Ermordung zahlreicher SA-Führer beim so genannten Röhm-Putsch im Jahre 1934 bewies die SS ihre Skrupellosigkeit. Durch diese Säuberungsaktion war Hitlers Macht wiederhergestellt und die SA verlor ihre politische Bedeutung. Mit der Ausschaltung der SA gelang der SS der Ausbau ihrer Machtposition. Hitler fühlte sich schnell in Sicherheit, und dem stufenweisen Aufbau einer bewaffneten Schutzstaffel stand nun eigentlich nichts mehr im Wege. Es dauerte nicht lange und Hitler bekräftigte Himmler gegenüber wieder seine Absicht, einen Verband bewaffneter SS-Soldaten aufzustellen, die wie das Heer an der Front auf dem Schlachtfeld Blutopfer bringen sollten. Es wurde umgehend mit der Bildung der SS-Verfügungstruppe (SS-VT) begonnen. Diese neue bewaffnete SS-Truppe war der Kern einer künftigen großen SS-Kampfdivision. Hitler hielt sich anfangs eher bedeckt hinsichtlich des Verwendungszwecks der neuen SS-Verfügungstruppe, gab 1935 aber seine Absicht bekannt, im Kriegsfall die SS-VT in das Heer einzugliedern. Zwischen 1933 und 1939 verbuchte die SS mit der Rekrutierung tausender Männer in die bewaffnete SS, einem ideologischen Eliteverband unter Himmlers Befehl, einen beträchtlichen Machtzuwachs.

In der Anfangszeit musste jeder, der sich der SS anschließen wollte, äußerst strenge Kriterien erfüllen. Jeder Einzelne musste groß und in der Blüte seiner Jugend sein sowie über perfekte Sehkraft verfügen. Darüber hinaus musste jeder neue Freiwillige körperlich in bester Verfassung sein, äußerlich dem Rassenideal entsprechen und einen tadellosen Strafregisterauszug vorweisen. Schon das Rekrutierungsverfahren war für die Freiwilligen hart, aber die Ausbildung war noch härter.

Anfangs wurde die Ausbildung in verschiedenen Lagern außerhalb der jeweiligen Heimatstadt der einzelnen SS-VT-Regimenter abgehalten. Das zermürbende Ausbildungsprogramm wurde vom Inspekteur der Verfügungstruppe, SS-Obergruppenführer Paul Hausser, zusammengestellt. Hausser war einer der einflussreichsten SS-Kommandeure, der mit Unterstützung von zwei weiteren erfahrenen Offizieren, SS-Obergruppenführer Felix Steiner und Caius Freiherr von Montigny, die neuen Rekruten einer strengen Ausbildung als Sturmtruppen unterzog. Diese bestanden aus kleinen Gruppen schwer bewaffneter Freiwilliger. Tagwache war um 6.00 Uhr, vor dem Frühstück gab es eine Stunde Sport. Am Vormittag wurden gewöhnlich Waffenübungen abgehalten. Die Männer trugen bei Übungen im Freien nur Waffen, Munition, Wasserflaschen und Verbandszeug, um nicht, wie dies beim Heer der Fall war, von schwerem Gepäck zusätzlich belastet zu werden.

Hitler gründete die SS und gab ihren Mitgliedern das Gefühl, zu einem Kreis von Auserwählten zu gehören, die dem Befehl ihres Führers bedingungslos gehorchten.

Auf den Schießplätzen gewöhnten sich die Männer an den Umgang mit ihren Gewehren. Sobald sie mit ihren Waffen vertraut waren, brachte man ihnen Infanterieangriffstechniken bei, wobei unter anderem mit aufgepflanztem Bajonett an Sandsäcken trainiert wurde. Jeder SS-Ausbilder legte großen Wert auf Aggression und unterwies die Männer in allen nur erdenklichen Methoden, den Gegner bei der kleinstmöglichen Zahl eigener Verluste schnell und wirksam zu überwältigen. Im Gegensatz zur Wehrmacht, deren Grundausbildung sich durch Drill und noch einmal Drill auszeichnete, zielte die Ausbildung bei der SS in erster Linie auf körperliche Zähigkeit und Perfektion im Gefecht ab.

Zur Steigerung der Aggressivität diente das Boxen, das einen wesentlichen Teil der Ausbildung ausmachte und den Männern dabei helfen sollte, ihre instinktive Angst vor dem Verletztwerden zu überwinden. Wenn die Männer nicht gerade boxten, ihre körperliche Verfassung und ihre Reflexe trainierten, erhielten sie drinnen Unterricht im Zerlegen, Putzen und Zusammenbauen der Gewehre. Mit Hilfe großer Wandkarten zeigten die Ausbilder ihnen die in ihre Einzelteile zerlegte Waffe und erklärten genauestens die Funktion jedes Teils. Immer wieder wurde mit der eigenen Waffe das Zerlegen und Zusammenbauen geübt, bis man es mit verbundenen Augen beherrschte. Es war äußerst wichtig, sich mit den verwendeten Waffen vertraut zu machen, deshalb wurden die Rekruten in stundenlanger Praxis darauf gedrillt. Die Männer wur-

Oben: Diese Artilleristen haben ihre Übungsvorschriften genau befolgt. Im Dienstbuch der Artillerie erklärt das Feldartilleriekommando, dass im Infanteriekampf die Feldartillerie auf die Vorteile der geschützten Stellung zu verzichten habe und in erster Linie von offenen Positionen aus Feuer geben müsse. In der Praxis war dies die beste Anleitung zu einer Katastrophe. Für diese aggressive Einstellung brachte die SS-Artillerie auch viele Menschenopfer. An den weißen Mützen- und Ärmelbändern des Unteroffiziers der Artillerie rechts im Bild erkennt man, dass er bei den Übungen der Schiedsrichter ist. Der Rest der Geschützmannschaft trägt rot-gelbe Übungshelmbänder. Bei Übungen wurden die militärischen Einheiten gewöhnlich in zwei gegnerische Seiten aufgeteilt, das Helmband diente zur Erkennung.

den bis an die Grenze ihrer Belastbarkeit getrieben. Zum Aufbau von Kondition und Ausdauer wurden sie ständig mit oder ohne volle Ausrüstung auf lange Fußmärsche geschickt. Großer Wert wurde auch auf »Hausarbeit« gelegt. Vorwiegend an den Nachmittagen mussten Uniformen gebügelt und ausgebessert und die Unterkünfte generell in Ordnung gehalten werden. Die Abende waren meist frei, und viele nutzten sie zum Entspannen, für Karten- oder Schachspiel, Radiohören oder dachten einfach an ihre Lieben daheim.

Mindestens drei Mal in der Woche mussten sich die Rekruten Vorträge über die NSDAP-Grundsätze anhören, zu denen eine gründliche ideologische Indoktrination gehörte, um ihnen die SS-Philosophie einzubläuen. Behandelt wurden zahlreiche Themen, vor allem aber die Theorien der rassischen Überlegenheit gegenüber den Slawen und Juden, die als »Untermenschen« betrachtet wurden. Diese ideologischen Schulungen zielten darauf ab, Männer zu produzieren, die inbrünstig an eine neue arische Ordnung glaubten. Jeder Einzelne von ihnen wurde dahingehend indoktriniert, dass er mit fanatischer Entschlossenheit für den Führer kämpfte, auch wenn dies bedeutete, sein eigenes Blut auf dem Schlachtfeld zu vergießen.

Auch die weitere Ausbildung verlief äußerst intensiv – jeder dritte Rekrut fiel beim ersten Mal durch. Wenn man die Grundausbildung schaffte, musste der Kandidat ein Jahr in einer der SS-Infanterie- oder Kavallerieschulen verbringen, bevor er wieder nach München zurückkehrte, um Adolf Hitler einen Eid bedingungslosen Gehorsams zu schwören. Jetzt war der SS-Rekrut ein fanatischer Elitekrieger, der eine äußerst strenge Ausbildung hinter sich hatte. Er war entmenschlicht worden und besaß eine unerschütterliche Loyalität gegenüber Adolf Hitler. Die Folge einer solchen Ausbildung und ideologischen Indoktrination war, dass er seinem eigenen Leben nur wenig Wert beimaß, und dem Leben seiner Feinde noch weniger. Das Ergebnis war ein Soldat mit blindem Gehorsam, der sich dann einer der neu gebildeten Waffen-SS-Divisionen anschloss. Dort führte er bedingungslos jeden Befehl aus, selbst wenn damit die Erschießung von Kriegsgefangenen und Grausamkeiten an Zivilisten gefordert waren.

Oben: Dieses im August 1939 aufgenommene Foto zeigt eine Artilleriebatterie bei Übungen. Dass Haubitzen auf dem offenen Feld nur schwer zu tarnen waren, zeigt sich hier ziemlich deutlich. Im Übungshandbuch der Artillerie ist daher vermerkt, dass einzelne Züge oder Batterien der Feldartillerie mit ihren Geschützen und Munitionswagen ein äußerst auffälliges Ziel böten, Truppenansammlungen für den Angriff frühzeitig verrieten und auf dem Schlachtfeld von Infanteriewaffen angegriffen werden könnten. Artilleristen wurden daher dazu ausgebildet, ihre Waffen erst im letzten Moment aus einer versteckten Position heraus in Feuerstellung zu bringen. Die Artillerieausbildung war anstrengend, im Krieg war das Artilleriefeuer jedoch ein entscheidender Faktor für den Erfolg von Offensive und Defensive der SS und Wehrmacht.

Links: Vorbereitungen für eine Festparade in einer Kavallerieschule. Zwei 10,5-cm-leFH (leichte Feldhaubitze) flankieren die NS-Kriegsflagge. Alle SS-Verfügungstruppen verbrachten ein Jahr in einer der SS-Infanterie- oder Kavallerieschulen, bevor sie nach München zurückkehrten und einen Treueid auf Adolf Hitler schworen. Bei der Ausbildung wurde großer Wert auf Zähigkeit und Kameradschaftsgeist gelegt. Das Produkt waren SS-Männer, die bereit waren, ihr Leben für den Führer zu opfern.

Oben: August 1939 – Übungen unmittelbar vor der Invasion in Polen. SS-Artilleristen bringen ihre 10,5-cm-leFH 18 in Stellung. Stundenlang dauerten die intensiven Artillerieübungen, bei denen die Männer nicht nur ihre Waffen, sondern auch die Handbücher mit detaillierten technischen Angaben und genauen Anweisungen für die Handhabung der Waffe genau beherrschen mussten. Die Geschützmannschaften wurden darauf trainiert, das Geschütz schnell und präzise einzurichten – eine Voraussetzung für schnelles und wirksames Feuer. Die aus drei Bataillonen bestehenden motorisierten SS-Artillerieregimenter verfügten über 36 10,5-cm-leFH. Nach September 1939 wurden sie für die Kampfhandlungen dem Befehl der Wehrmacht unterstellt.

Links: SS-Artilleristen bei Übungen mit Geschützen und Munitionswagen. Nur zwei Monate nach Aufnahme dieses Fotos waren diese Männer schon in Polen im Einsatz und rückten von Ostpreußen auf Warschau vor. Obwohl die SS-Artilleriebatterien in Polen relativ erfolgreich waren, wurden die Zerstörung befestigter gegnerischer Verteidigungsstellungen und das Abwehrfeuer durch das Fehlen von schwerer Artillerie erschwert.

Rechts: Eine Aufnahme aus einem Ausbildungslager unmittelbar vor dem Angriff auf Polen 1939. Bei Kriegsausbruch war das Pferd noch immer das häufigste Zugmittel bei der Wehrmacht – etwas überraschend für die Nation, die den Blitzkrieg erfunden hat. Für die Artillerie stellte das jedoch kein Problem dar, denn die meisten deutschen Infanteristen marschierten ohnehin zu Fuß in den Kampf. Nur die schnell vorrückenden Panzerdivisionen brauchten Zugkraftwagen oder Selbstfahrlafetten für ihre Geschütze.

Oben: Tagesanbruch in einer Kavallerieschule im Juli 1939 – eine Artilleriebatterie der SS-Verfügungstruppe bricht zu einer Übung auf. In den frühen Kriegsjahren wurde der Großteil der deutschen Artillerie von Pferden gezogen. Wenn die Feuerposition erreicht war, spannte die Mannschaft die Pferde aus, entfernte alle überflüssigen Ausrüstungsteile von der Lafette und brachte die Waffe in Stellung. Eine zusätzliche Erschwernis für die Geschützmannschaften war die Haltung und Versorgung der Tiere, die sie ja für die Verlegung ihrer Geschütze brauchten. Das Pferdefutter machte einen guten Teil der Versorgungskapazität einer deutschen Einheit aus. Die Mobilität im offenen Gelände stellte ebenfalls ein großes Problem dar. Im Polenfeldzug wurden die Artilleriebatterien oft dafür kritisiert, dass sie nicht mit der vorrückenden Infanterie – geschweige denn mit den Panzern – mithalten konnten. Das galt für das neu gebildete SS-Artillerieregiment und die den drei »Standarten« bzw. Regimentern der SS-Verfügungstruppe angegliederten Artilleriebatterien ebenso wie für jede Heereseinheit.

Unten: Artilleristen einer nicht bekannten SS-Artilleriebatterie bei einer Pause nach intensiven Übungen vor der Mobilmachung im Juni 1939. Beim Artilleriegeschütz handelt es sich um eine von Rheinmetall entwickelte 10,5-cm-leFH 18, die damals das Standardfeldgeschütz der leichten SS-Batterien war. Im Juni 1939 begannen die ersten Truppenverlegungen in den Osten zur Vorbereitung der Invasion in Polen. In der ersten Mobilmachungsphase zwischen Mitte Juni und 15. Juli verlegten vier Infanteriedivisionen von Pommern nach Schlesien. Weitere fünf Infanteriedivisionen wurden zwischen 15. Juli und 4. August überstellt. In einigen Fällen wurden Truppeneinheiten nach ihrer Verlegung in den Frontbereich wieder zu ihren Heimatstützpunkten zurückbeordert, bevor sie ihren Kommandobereich erreichten, um die Angst der Polen vor einem bevorstehenden deutschen Angriff zu beschwichtigen. Diese SS-Artilleriebatterie wurde nach Ostpreußen verlegt, wo sie einer Infanteriedivision der Wehrmacht unterstellt wurde. In den Aufmarschgebieten wurden riesige Zeltlager errichtet, die mit Wasserstellen, Feldbäckereien und sanitären Einrichtungen ausgestattet waren. Die Aufmarschgebiete wurden sorgfältig vor gegnerischen Aufklärungsflugzeugen getarnt. Über Wochen trafen täglich Konvois von Männern und Ausrüstung ein, Züge und Fahrzeuge luden Panzer, Artillerie und Granaten ab. Das gewaltige Unternehmen, die Verbände der Wehrmacht und SS ins Aufmarschgebiet zu bringen, lief noch bis über das Invasionsdatum hinaus, das damals für den 26. August 1939 angesetzt war.

Oben: Übung für den Kriegsfall. SS-Artilleristen vor der Mobilmachung für die Invasion in Polen. Diese Männer sollten bald nach Ostpreußen verlegt werden und sich dort der 3. Armee der Wehrmacht anschließen. Die 3. Armee umfasste die 1., 11., 12. und 21. Infanteriedivision sowie die 217. Division, eine Kavalleriebrigade, eine gepanzerte und eine motorisierte Division. Die drei Standarten der SS-Verfügungstruppe (SS-VT) wurden aufgeteilt und operierten jeweils unabhängig voneinander unter dem Befehl der Wehrmacht, während das SS-Artillerieregiment unter dem Kommando der Division Kempf stand. Die Männer und Einheiten gewöhnten sich an diese Aufsplitterung, denn sie wurden nicht nur im Polenfeldzug, sondern auch bei zukünftigen Operationen dieser Art aufgeteilt. Die SS-Regimenter sollten erst wieder im Frankreichfeldzug zu einer einzigen großen SS-Kampfeinheit vereinigt werden.

Oben: SS-Geschützmannschaften bei einer Rast nach einer anstrengenden Übung beim Münsterlager im Sommer 1939. Im Münsterlager erfolgte auch die Aufstellung des SS-Artillerieregiments, das nur zwei Monate vor der Invasion in Polen für kampffähig erklärt wurde. Das Regiment selbst wurde von SS-Obersturmbannführer Peter Hansen kommandiert. Gemeinsam mit ausbildenden Offizieren von der Wehrmacht bläute Hansen seinen Artilleristen ein, der Zerstörung der gegnerischen Panzerabwehrwaffen, Panzer und Artillerie oberste Priorität zu geben. In der frühen Kriegsphase verfügte die SS jedoch noch nicht über die weit reichende Artillerie, um in dieser Hinsicht tatsächlich wirksam vorzugehen.

Oben: SS-Artilleristen putzen bei einer Übung vor der Invasion in Polen mit einem Ansetzer das Rohr einer 10,5-cm-leFH. Die Angehörigen von bespannten Einheiten wie dieser blickten neidvoll auf die wenigen mechanisierten Artillerieeinheiten der Wehrmacht, die Halbkettenfahrzeuge zum Ziehen ihrer Geschütze einsetzten. Kettenfahrzeuge zur Beförderung von leichten und schweren Feldhaubitzen ermöglichten nicht nur einen schnelleren und einfacheren Transport, sondern boten auch genügend Sitzplatz für die gesamte Mannschaft. Mit Pferden dauerte es oft viel länger, bis die SS-Artilleristen in Feuerbereitschaft waren, zudem war damit schwere körperliche Arbeit verbunden.

Links: Eine für eine Übung gut getarnte Haubitze. Zu sehen sind auch die bei Übungen getragenen Helmbänder. Das rot-gelbe Band wurde über den Helm gestülpt und mit drei kleinen an kurzen feldgrauen Stoffstreifen befestigten Metallhaken am Helmrand festgehakt. Die Männer tragen eine Zeltbahn als Regenschutz. Wenn diese nicht in Verwendung war, wurde sie zusammengefaltet und auf die Feldausrüstung geschnallt. Die hier gezeigte einfarbige Zeltbahn wurde während des Krieges von der SS nicht häufig verwendet, sondern war in erster Linie ein Ausrüstungsteil der Wehrmacht. Die SS-Zeltbahn hatte ein Tarndruckmuster und wurde trotz ernsthafter Engpässe bis Kriegsende ausgegeben. Die gängigsten SS-Zeltbahnen gab es in zwei verschiedenen Versionen des »Platanenmusters«. Im Einsatz wurde die Zeltbahn mit Knöpfen links und rechts vorne sowie zwischen den Beinen zusammengehalten, die Seiten wurden an den Schultern untergeschoben.

Rechts: Eine getarnte 10,5-cm-Haubitze wird unter Aufsicht des Batterieoffiziers zum Feuern bereit gemacht. Für jedes seinem Befehl unterstehende Geschützpaar wurde der Batterieoffizier vom Zugführer oder einem höheren Unteroffizier unterstützt, der alle Befehle laut wiederholte. Der Zugführer oder Unteroffizier war verantwortlich für die korrekte und ordentliche Ausführung der Befehle des Kommandanten sowie die Disziplin der Geschützmannschaften im Einsatz. Meist waren die Batterieoffiziere junge Offiziere, aber auch erfahrene Unteroffiziere konnten diese Aufgabe erfüllen.

Rechts: Der üblichen Vorgehensweise entsprechend haben die Artilleristen das Rohr mit Laub bedeckt, um die Geschützumrisse aufzulösen und damit im offenen Gelände eine bessere Tarnung zu haben. Im Kampf zeigte sich bald, dass Artillerieunterstützung von entscheidender Bedeutung in der Vorbereitung und erfolgreichen Durchführung eines Angriffs war. Vorbereitendes Artilleriefeuer war für jeden Angriff wesentlich und zielte auf die Zerstörung oder zumindest die Ausschaltung der gegnerischen Panzerabwehr im Bereich zwischen Kontaktlinie und der Linie der Regimentsreserve ab sowie auf die Unterdrückung des feindlichen Artilleriefeuers. Jeder Artillerist lernte, dass permanentes Abwehrfeuer den Gegner daran hinderte, die Panzeraufmarschgebiete unter Artilleriebeschuss zu nehmen und damit die Vorbereitungen für den Panzerangriff zu stören.

Oben: Unter Aufsicht eines Schiedsrichters feuert die Mannschaft einer 10,5-cm-Haubitze ihr Geschoss unter simulierten Gefechtsbedingungen. Ziel der Ausbildung war eine hohe Kampfmoral, Aggression und das Zugehörigkeitsgefühl zu einer politischen und militärischen Elite unter den SS-Männern. Wenn sie nicht gerade auf dem Schießplatz oder auf Übung waren, wurden alle Rekruten einer ideologischen Indoktrination unterzogen. Stundenlang bläuten die Vortragenden den Rekruten die SS-Philosophie ein, insbesondere die Theorien der rassischen Überlegenheit über die ihrer Anschauung nach slawischen und jüdischen »Untermenschen«. Obwohl die meisten Rekruten diesen endlos langen Vorträgen zuhörten, bevorzugten die meisten, wenn nicht alle, Übungen auf den Schießplätzen oder Gefechtssimulationen.

Links: Ein Artillerist der SS-Verfügungstruppe mit einer Granate für eine 10,5-cm-leFH in der Hand lächelt für die Kamera. Bemerkenswert sind die eigens für den sicheren Transport der Granaten entworfenen Holzkisten. Bald sollten diese Truppen ihre Granatenladungen über die unwegsamsten polnischen Straßen befördern – praktisch alle polnischen Straßen waren Feldwege. Durch den starken Verkehr wurden sie praktisch unpassierbar, vor allem für Geschützmannschaften, deren sperrige Geschütze und schwere Munitionsladungen von Pferden gezogen wurden – vom Futter für die Tiere und die Verpflegung der Männer gar nicht zu reden. Im Gefolge der über Polen rollenden großen Panzerspitzen blieb die auf Pferde gestützte Versorgungskette unweigerlich zurück, wodurch es an einigen Orten zu einer Überdehnung der Front kam. Viel schlimmere Probleme dieser Art kamen sowohl auf die Geschützmannschaften der Wehrmacht als auch der Waffen-SS beim Überfall auf die Sowjetunion im Juni 1941 zu – mit fürchterlichen Konsequenzen für Deutschland.

Rechts: Eine Ehrengarde der Waffen-SS marschiert hinter der Standarte aus ihren Quartieren. Für viele SS-Männer hatte das Feldzeichen eine fast religiöse Bedeutung. Jedes Feldzeichen wurde bei den Reichsparteitagen in Nürnberg vom Führer »geweiht«, wo es mit der so genannten »Blutfahne« in Berührung gebracht wurde. Diese Fahne war mit dem Blut der während des Hitlerputschs von 1923 getöteten nationalsozialistischen »Märtyrer« getränkt. Die Waffen-SS versah ab Hitlers Machtergreifung 1933 zeremonielle Pflichten. Bei nationalen Anlässen oder Parteiveranstaltungen marschierten SS-Soldaten oder standen Wache in ihren Paradeuniformen mit weißem Gürtel, Tragegestell, Patronentaschen und weißen Handschuhen.

Rechts: Die dritte große Formation der Waffen-SS war die SS-Division »Totenkopf«. Ihren Kern bildeten Angehörige der Totenkopfverbände, das waren die Wachmannschaften in den Konzentrationslagern. Die Division hatte wenig gemeinsam mit der streng disziplinierten »Leibstandarte« oder der SS-VT. Von den insgesamt 15.000 Mann der ursprünglichen SS-Division »Totenkopf« stammten rund 7000 aus den Totenkopfverbänden der Zwischenkriegszeit. Offiziere und Mannschaften wechselten oft zwischen Frontkampf und Wachdienst in den Konzentrationslagern. Das wurde während des Krieges in vielen SS-Einheiten zur Routine.

Links: Während einer kurzen Übungspause lassen sich drei Angehörige der Totenkopfverbände fotografieren. Obwohl sie nominell Angehörige der Waffen-SS waren, bestand die Hauptaufgabe der Totenkopfverbände in der Führung des Konzentrationslagersystems. Die Ausbildung der »Totenkopf«-Wachmannschaften fand in einem Lager der Einheit in Dachau statt. Die Ausbildung war hart und der Tag relativ lang. Ihre Brutalität zeigte sich in der rauen und oft bestialischen Behandlung der Lagerinsassen. Es bestand ein beträchtlicher Unterschied zwischen der Einstellung der SS-Division »Totenkopf« und dem Rest der Waffen-SS: Die Lagerwachen waren in vielerlei Hinsicht ein brutaler, undisziplinierter Pöbel, dessen Charakter den seines Kommandanten widerspiegelte, einem psychopathischen Mörder namens Theodor Eicke.

Rechts: Ein Rekrut der SS-Division »Totenkopf« posiert vor der Kamera. Mit der Erweiterung der Waffen-SS gab es wegen der fehlenden Zahl von speziellen SS-Waffenröcken bald zu wenig Uniformen, und so wurden die Einheitswaffenröcke des Heeres an neue SS-Divisionen ausgegeben. Ab dem Frankreichfeldzug wurde in der gesamten SS der Waffenrock des Heeres getragen, und das blieb so bis Kriegsende. Was sie aber von den Standarduniformen des Heeres unterschied war die doppelte Sig-Rune der SS auf dem Kragenspiegel. Das andere berühmte – oder berüchtigte – Symbol war der »Totenkopf«. Er wurde von allen SS-Mitgliedern als Mützenabzeichen getragen und ersetzte bei der SS-Division »Totenkopf« in Erinnerung an die Ursprünge der Einheit in den Totenkopfverbänden oder Konzentrationslagerwachen vor dem Krieg die »Sig«-Runen auf dem Kragenspiegel. Für alle anderen SS-Soldaten wurde im Krieg das Kragenabzeichen mit den SS-Runen zum Standard.

Oben: Angehörige der Totenkopfverbände bei einer Übung (1939); anscheinend sind sie gerade beim Reinigen der Waffen. Die Ausbilder dieser Truppe legten großen Wert auf Aggressivität und schulten ihre Rekruten immer wieder in Techniken des unbewaffneten Kampfes. Sie bildeten die Männer auch im Bajonettkampf aus und drillten sie darauf, den feindlichen Widerstand schnell zu brechen, um die eigenen Verluste möglichst gering zu halten. Hierin bestand also kein Unterschied zur Ausbildung der Wehrmacht, der wahre Unterschied zwischen Wehrmacht und SS-Ausbildung lag in der politischen Indoktrinierung der SS-Männer; sie wurden in Unterrichtsräumen täglich einer ideologischen Indoktrination unterzogen. Der Unterricht gliederte sich in drei Bereiche: die Geschichte der NSDAP, die SS-Rassenlehre und die Feinde des Nationalsozialismus. Zu diesen Feinden zählten die Juden, die Freimaurer, der Bolschewismus und die Kirche.

Rechts: In einer SS-Kaserne posiert eine Soldatengruppe für die Kamera. Zur Ausbildung gehörte ein äußerst strenges körperliches Trainingsprogramm, gefolgt von umfassenden Waffenübungen nach dem Frühstück. Im Anschluss daran fanden mehrstündige Zielübungen und eine Ausbildung im unbewaffneten Kampf statt. Nach dem Mittagessen war intensives Exerzieren angesagt, danach wurde die Ausrüstung gereinigt und auf dem Sportplatz weitertrainiert. Auf körperliche Leistungsfähigkeit wurde großer Wert gelegt, und die SS-Kommandeure stellten sehr hohe Ansprüche an ihre Männer. Durch das intensive körperliche Ausbildungsprogramm waren die Angehörigen der SS gewöhnlich viel besser in Form als ihre Kameraden von der Wehrmacht – es gehörte einfach zum Bild einer »perfekten arischen« Elite.

Rechts: Männer der Totenkopfverbände stellen sich in einer Pause während ihres harten Ausbildungsprogramms dem Fotogafen. Zur Ausbildung gehörte eine Gefechtsausbildung, ein hartes körperliches Trainingsprogramm und politische Indoktrination. Die vielleicht wichtigste Lektion, die jeder von ihnen zu lernen hatte, war das Credo der Waffen-SS: Sie sorgte für ihre Leute und war ein elitärer Orden mit eigenen Regeln und Vorschriften. Bald verstanden sie die Bedeutung von Gehorsam, Treue und Pflichtbewusstsein. Vom ersten Tag an wurde den SS-Rekruten eingehämmert, dass sie Angehörige einer von der Wehrmacht völlig unabhängigen militärischen Elite waren.

Unten: Die Ausbildung nach SS-Methoden konnte mitunter sehr gefährlich sein, besonders wenn bei den Übungen mit scharfer Munition geschossen wurde. Dadurch sollten sich die Soldaten an die realen Schlachtbedingungen gewöhnen. Bei einer so aggressiven Ausbildung kam es unweigerlich zu Todesfällen, aber die SS glaubte ja fest an den Grundsatz: harte Ausbildung, leichter Kampf. Die Ausbildung erhöhte beim durchschnittlichen SS-Mann auch die Bereitschaft, sein Leben »zu Ehren des Führers« zu opfern. Hier wird ein Soldat, der bei Übungen mit scharfer Munition ums Leben kam, mit allen militärischen Ehren beigesetzt. Die Hakenkreuzfahne wurde über den Sarg gelegt und traditionsgemäß obendrauf der Stahlhelm M35 des Soldaten als Zeichen des Respekts.

Oben: Eine Gruppe von SS-Soldaten mit ihrem Kompaniekommandanten während einer Übung Anfang 1939. Was die Waffen-SS kennzeichnete, war ihre aggressive und skrupellose Einstellung zum Kampf sowie die glühende Überzeugung der Männer, unbesiegbar zu sein. Diese Einstellung hielt sich auch noch lange nach ihren ersten Verlusten auf dem Schlachtfeld. Für diese Männer war der Kampf nicht wie für gewöhnliche Soldaten einfach eine Pflichterfüllung, und die Freiwilligen schlossen sich ohne zu zögern der SS an. Ihr blinder Glaube an Adolf Hitler ließ sie mit fanatischer Führertreue und einer Todesverachtung in den Kampf gehen, die den meisten Soldaten fremd war. Himmler drückte es so aus: »Ihr Leben ist für sie nur von Wert, solange sie damit dem Führer dienen können.«

Oben: SS-Männer bei einer Übung mit einem Horch-Geländewagen. Gut zu sehen ist das SS-Kennzeichen am Fahrzeugheck. Das militärische Ideal einer perfekten politischen Kampfmaschine übte auf die Mitglieder eine große Anziehungskraft auf. Sie waren der festen Überzeugung, dass wenn sie sich körperlich und geistig verausgabten, sie sich als wahre nordische Deutsche auszeichneten, als vollkommene und zuverlässige Männer von Hitlers militärischer Elite; sie schöpften aus dem starken Opfergeist, der für die SS typisch war, auf dem Schlachtfeld Kraft, um fast jedem Gegner entgegenzutreten.

Rechts: Ein typischer SS-Spind mit aufgehängten Waffenröcken und zwei Paar schwarzen Stiefeln. Aluminiumessgeschirr und andere Ausrüstungsteile sind ebenfalls zu sehen. Oben auf dem Spind liegen zwei Stahlhelme M35 auf sorgfältig zusammengelegter Ausrüstung, in der Mitte zwei Gasmaskenbüchsen aus Wellblech. Obwohl großer Wert auf Gefechtsausbildung und körperliches Training gelegt wurde, hatten die SS-Männer auch Reinigungs- und Haushaltsaufgaben wie Bügeln und Ausbessern von Uniformen zu erledigen. In dieser Beziehung verhielt es sich ähnlich wie beim stehenden Heer, obwohl bei der SS nicht so großer Wert auf die traditionelle preußische Gründlichkeit gelegt wurde.

Oben: Eine SS-Artilleriebatterie bei Manövern vor der Invasion in Polen. Eine Geschützmannschaft bestand aus fünf oder sechs Mann, eine erfahrene Mannschaft konnte eine Feuerrate von mindestens fünf Schuss pro Minute aufrechterhalten. In Abständen von zwei oder drei Haubitzen gab ein Batterieoffizier die Feuerbefehle an die seinem Befehl unterstehenden Mannschaften, während ein Mannschaftsmitglied mittels Visier die erforderlichen Korrekturen feststellte und laut weitergab. Hinter der 10,5-cm-leFH sind einige Munitionskisten zu sehen. Vor dem Feuern nahmen die Artilleristen die Granaten aus der Kiste und bereiteten die Zünder für die nächste Salve vor. Es war nicht ungewöhnlich, dass ein großer Stapel vorbereiteter Granaten neben dem Geschütz lag.

Unten: Vor dem Feuern musste das Geschoss ins Rohr geschoben werden, dann folgte die Kartusche mit der erforderlichen Treibladung. Interessant sind die umgehängten Gasmaskenbüchsen. Vor dem Krieg trugen die Geschützmannschaften bei Lade- und Feuerübungen Gasmasken, was im Zweiten Weltkrieg jedoch nicht mehr üblich war. Wenige Wochen später standen diese Soldaten bereits in Polen im Einsatz und machten die Erfahrung, dass es im Krieg härter zuging als bei der Ausbildung. Als Teil der gemischten Armee und der SS-Panzerdivision »Kempf« brauchten sie drei Tage, um sich durch die polnischen Verteidigungsstellungen bei Mlawa zu kämpfen. Schwierigkeiten gab es vor allem, weil die SS-Bataillone nur mit leichten Haubitzen ausgerüstet waren und keine Unterstützung von Ju 87 Stukas erhielten.

Oben: Diese interessante Aufnahme vom Truppenübungsplatz Münsterlager zeigt die SS-Verfügungstruppe beim Auszug aus dem Lager mit Artillerie und Ausrüstung, Sommer 1939. Ein paar Wochen zuvor wohnte Hitler in Begleitung von Himmler und einigen hochrangigen Wehrmachts- und SS-Offizieren einer Gefechtsübung der Verfügungstruppe im Münsterlager bei. Das SS-Regiment »Deutschland« führte eine groß angelegte Gefechtssimulation vor, die von einem Artillerietrommelfeuer mit scharfer Munition durch Wehrmachtsbatterien unterstützt wurde. Auch die Panzerjäger der SS demonstrierten mit scharfer Munition ihre eingeübten Angriffstaktiken. Hitler war sehr beeindruckt von der Demonstration und erteilte im Anschluss daran Himmler die Erlaubnis zur Aufstellung der ersten vollen SS-Division. Bald darauf erhielt die SS die Ausrüstung für die Bildung eines SS-Artillerieregiments. Als der Krieg näher rückte, wurde die Umwandlung der SS-Verfügungstruppe in die SS-Verfügungs-Division (SS-VT-Division) aber vorübergehend verschoben, und ihre Einheiten, darunter ein neu gebildetes SS-Artillerieregiment, wurden als Vorbereitung für den Einsatz gegen Polen in die Wehrmacht eingegliedert. Die Kampferfolge der SS überzeugten die Skeptiker in der Wehrmacht, die die Qualität ihrer Ausbildung und Ausrüstung angezweifelt hatten.

Rechts: Einheiten der SS-Division »Totenkopf« bei Übungen im Schnee, Anfang 1939. Erst im Winter 1941 sollten diese Männer die volle Härte des Krieges bei Temperaturen von minus 30 Grad zu spüren bekommen. An ihrer Bekleidung ist deutlich zu erkennen, dass diese Männer für einen Winterkrieg nicht entsprechend ausgestattet sind. Sie tragen den Einheitswaffenrock des Heeres, der den ganzen Krieg hindurch von allen SS-Teilen verwendet wurde. Dabei wurden Sommer- und Wintertarnjacken, wendbare Bekleidung aus Schaffell und zweiteilige weiße Tarnanzüge ausgegeben. Die SS war 1942 für die Kämpfe noch besser mit Bekleidung ausgestattet als die Wehrmacht und konnte extremste Klimabedingungen aushalten, wie man sie in Russland seit Jahrzehnten nicht erlebt hatte. Die Schlacht im Kessel von Demjansk Anfang 1942 war das beste Beispiel dafür.

Oben: Eine Abteilung der SS-Division »Totenkopf« ist zur Inspektion angetreten. Ganz gleich, welche Meinung das deutsche Oberkommando über die Waffen-SS-Einheiten hatte, einzelne Wehrmachtskommandeure geizten nicht mit Lob für ihre außergewöhnliche Perfektion und Ausdauer. Dennoch beschwerten sich einige hochrangige Heeresoffiziere heftig darüber, dass die hohe Verlustrate an der mangelhaften Ausbildung der SS für den Krieg liege. Die Verluste spiegelten zum Teil die Unerfahrenheit der SS wider, zum Teil die Bereitschaft innerhalb der SS, zur Erreichung ihrer Ziele höhere Verluste hinzunehmen als die Wehrmacht.

Links: Vier SS-Rekruten lächeln während einer Ausbildungspause im Winter 1939 für die Kamera. Nach Himmler sollte die Ausbildung so realistisch wie möglich sein, damit sich jeder Mann an seine Waffe und an den Schlachtenlärm gewöhnte. In den Augen der SS-Kommandeure war der Einsatz von scharfer Munition unumgänglich, auch wenn es dabei Opfer gab. Das Motto lautete: »Jeder Tropfen Blut in Friedenszeiten spart Ströme von Blut in Kriegszeiten.« Die Kombination dieser harten, brutalen Ausbildung und der Bereitschaft, bis zum Letzten zu kämpfen, machte diese Männer auf dem Schlachtfeld zu besonders aggressiven Gegnern.

Rechts: Eine lange Truppenkolonne der neu gebildeten SS-Division »Totenkopf« bei Übungen, Winteranfang 1939. Die Männer tragen Gepäck mit zusammengerollten Decken und sind mit dem Einheitsmantel des Heeres bekleidet, allerdings mit SS-Kragenspiegel. Auffallend ist die einheitliche Größe der Männer. Anfangs mussten alle SS-Bewerber eine Mindestgröße von 178 cm haben und in bester körperlicher Verfassung sein. Himmler bestand auf einem rein »nordischen« Äußeren der Rekruten: Die Körperproportionen mussten stimmen, so sollte zum Beispiel kein Missverhältnis zwischen Unter- und Oberschenkel bestehen oder zwischen Beinen und Rumpf, weil die langen Fußmärsche ansonsten eine übermäßige körperliche Anstrengung erforderten. Der SS-Mann sollte diszipliniert sein, sich aber nicht nur als reiner Befehlsempfänger verstehen, seine Gangart und sein Äußeres sollten den SS-Idealen entsprechen. Diese Rekrutierungsanforderungen spiegelten Himmlers »arische« Ideologie und seinen Wunsch wider, mit der SS den Grundstock für eine neue, bessere Menschenrasse zu legen.

Links: Eine Marschkolonne von Soldaten der SS-Division »Totenkopf« während einer Winterübung in der Nähe ihres Ausbildungslagers. Ihr kommandierender Offizier reitet voraus und führt die Männer aus der deutschen Ortschaft. Für diese Männer war der Krieg nicht mehr weit weg. Ihren Befehlshabern ging es vor allem um Kampferfolge der SS, um auf dem Schlachtfeld den Ruf einer militärischen Elite erringen zu können. Sie musste sich in der Schlacht bewähren. Die Zeit ließ keinen Zweifel daran, dass diese Männer das Produkt eines der effizientesten militärischen Ausbildungssysteme im Zweiten Weltkrieg waren. Himmler war überzeugt, dass ein Teil der SS an der Front Blutopfer bringen müsse, weil sie sonst nicht mehr die moralische Rechtfertigung hätte, Deserteure und Feiglinge zu erschießen.

Oben: Feldküchen sind in jeder militärischen Organisation von wesentlicher Bedeutung. Gut ernährte Truppen kämpfen besser – Hunger setzt die Kampfkraft bemerkenswert schnell herab. Das war vor allem im Winter der Fall. Zu einer SS-Feldration gehörte Roggenbrot, Dosenfleisch oder -wurst, getrocknetes Gemüse, Marmelade oder Honig, Kaffee, Zucker und Zigaretten. Diese Feldküche befindet sich auf einem Güterwagen, was für Übungen daheim ja ging. Viel schwieriger gestaltete sich die Versorgung einer auf dem Vormarsch befindlichen Armee, weshalb die SS-Soldaten die eiserne Ration – Dosenkekse, Dosenfleisch oder Leberwurst und Kaffee (echten oder Ersatz) – bei sich trugen, die in Notfällen ein bis zwei Tage reichte.

Rechts: Ein SS-Schütze und ein Ladeschütze bei Übungen mit ihrem starken MG 34 im Schnee. Diese solide und robuste Waffe hielt auch den rauen arktischen Temperaturen und Wetterbedingungen stand, denen die Männer an der Ostfront ausgesetzt waren. Schütze 1 war vermutlich der erfahrenste Soldat im MG-Trupp. Der so genannte Schütze 2, der rechts vom Schützen 1 liegt, führte die Patronengurte zu und sorgte dafür, dass das Maschinengewehr die ganze Zeit über einsatzfähig blieb. Ein typischer MG-Trupp bestand aus vier Mann, wobei die zwei mit der geringsten Erfahrung für das Heranschaffen der Munition verantwortlich waren. Entscheidend war es, die bestmögliche Verteidigungsstellung für die die SS-MG-Schützen zu finden, um einen feindlichen Vormarsch aufhalten zu können.

Unten: Winter, Anfang 1939 – ein kommandierender Offizier inspiziert die Männer der SS-Division »Totenkopf«. Der Dienst betrug in den ursprünglichen Totenkopfverbänden vier Jahre. 1938 wurde er jedoch auf 12 Jahre erhöht. Bevor man sich anschließen konnte, musste man eine Zeit lang bei der Wehrmacht dienen. Dadurch sollte man eine militärische Grundausbildung erhalten, aber nicht alle Rekruten waren sehr glücklich damit, nach der gesetzlichen Wehrpflicht wieder einen militärischen Dienst zu versehen. Erst im Mai 1939 befahl Hitler, die Dauer des Dienstes bei den Totenkopfverbänden auf die gesetzliche Wehrpflicht anzurechnen.

DIE NIEDERLANDE UND FRANKREICH

Vor dem Polenfeldzug im September 1939 waren die militärischen Einheiten von Himmlers Waffen-SS im Kampf noch unerprobt.

Unmittelbar nach dem Polenfeldzug richtete Hitler seine Aufmerksamkeit auf den bevorstehenden Feldzug im Westen und beschloss die Organisation und Erweiterung der SS zu einer viel größeren Kampftruppe. Ende 1939 stimmte er der Aufstellung von vier neuen SS-Divisionen zu. Im März 1940 wurden diese offiziell bekannt als SS-Division »Leibstandarte«, ein übergroßes Regiment, SS-Division »Totenkopf«, SS-Verfügungs-Division und SS-Polizei-Division.
Bis Anfang Mai 1940 hatte ein Heer in einer Stärke von fast zweieinhalb Millionen Mann, aufgeteilt auf 104 Infanteriedivisionen, neun motorisierte Divisionen und zehn Panzerdivisionen, entlang der deutschen Westgrenze von der Schweiz bis in den Norden der Niederlande Aufstellung bezogen. Die Divisionen waren in drei Heeresgruppen organisiert. Im Norden umfasste die Heeresgruppe B zwei Armeen unter dem Befehl von General von Bock. Die Heeresgruppe A bestand aus vier Armeen unter General von Rundstedt, während die Heeresgruppe C zwei Armeen unter dem Komman-

Links: Truppen der SS-Division »Totenkopf« marschieren nach Westen zur belgischen Grenze, 12. Mai 1940. Nach einer Wartezeit von weiteren vier Tagen wurden sie in den Kampf geworfen. Sie wurden der Heeresgruppe A unterstellt und erhielten die Anweisung, über den Süden der Niederlande durch Belgien nach Frankreich vorzustoßen und sich mit General Hoths XV. Panzerkorps zu verbinden.

do von General Wilhelm von Leeb umfasste. Verteilt auf diese riesige Armee waren die SS-Division »Leibstandarte« und die SS-Verfügungs-Division. Die SS-Division »Totenkopf« und SS-Polizei-Division wurden in Reserve gehalten.
In der Nacht vom 9./10. Mai 1940 bezogen die Regimenter »Leibstandarte« und »Der Führer« ihre Ausgangspositionen. Sie hatten Befehl, sich mit den in der Morgendämmerung dort abgesetzten Luftlandetruppen zu vereinen, um wichtige Brücken und Flugfelder in den Niederlanden einzunehmen. Bei Tagesanbruch stürmte das Regiment »Leibstandarte« über die niederländische Grenze vor und legte in raschem Tempo 80 km bis zu ihrem ersten Ziel bei Zwolle zurück. Dort hatte die niederländische Armee die Brücke zerstört, doch die SS-Truppen verwendeten Scheunentore als Flöße für die Überquerung des Flusses Ijssel.
Gleichzeitig führten andere SS-Formationen den Vormarsch durch feindliches Gebiet an. Das Regiment »Der Führer« rollte mit halsbrecherischer Geschwindigkeit in die Arnheimer Gegend und wurde in schwere Kämpfe um die Grebbe-Linie verwickelt, während sich der Rest der SS-VT-Division bis nach Moerdijk durchkämpfte, wo die Fallschirmjäger die Brücke eingenommen hatten. Am 11. Mai erreichte eine französische Kolonne Tilburg und rannte später an diesem Tag geradewegs in die halbe 9. Panzerdivision und die SS-VT-Division. Verzweifelt versuchten die französischen Kräfte den Panzern und der motorisierten SS-Infanterie zu entkommen. Die französischen Truppen wurden in heilloser Unordnung bis nach Breda zurückgedrängt.
In den folgenden Tagen rollten SS-Truppen neben Wehrmachtseinheiten wie eine Dampfwalze über die Niederlande. Außerhalb von Rotterdam bereitete die »Leibstandarte« ihre Angriffsstellungen für den Vorstoß in die niederländische Hauptstadt vor. Nach einem schweren Luftbombardement der Stadt, das 800 Tote unter der Zivilbevölkerung forderte und 78.000 Menschen das Dach überm Kopf nahm, rückte die »Leibstandarte« ein. Innerhalb von zwei Stunden akzeptierten die Niederländer die deutschen Kapitulationsbedingungen. Sepp Dietrichs »Leibstandarte« kämpfte auf Grund eines Zusammenbruchs im Kommunikationssystem jedoch weiter. Als das Feuer auf eine Gruppe niederländischer Offiziere eröffnet wurde, wurde der Befehlshaber des deutschen Fallschirmjägerkorps, Generalmajor Kurt Student, verwundet.
Am nächsten Tag erreichte die »Leibstandarte« Den Haag, doch bis dahin hatte sich die niederländische Armee schließlich ergeben. Als der Krieg in den Niederlanden vorbei war, trat die »Leibstandarte« einen schnellen Siegesmarsch Richtung Norden nach Amsterdam an, wo sie wieder nach Süden schwenkte, um sich dem Frankreichfeldzug anzuschließen.
Zum Zeitpunkt der niederländischen Kapitulation war die deutsche Offensive in Belgien und Frankreich in vollem Schwung und die britischen, französischen und belgischen Truppen befanden sich auf dem Rückzug. Die SS-Division »Totenkopf« wurde aus der Reserve genommen und erhielt den Befehl, die sich verschlechternde Lage des Feindes auszunutzen. Über Namur-Charleville schlug sich die Division durch Belgien und verband sich mit den Vorausabteilungen der 5. und 7. Panzerdivision. Obwohl die SS-Truppen besonders hart kämpften, erlitt die Division die ersten Kriegsverluste: 53 Verwundete und 16 Tote im Zeitraum 19./20. Mai.

Adolf Hitler betrachtete es als Ehre, dass die »Leibstandarte«, die seinen Namen trug, jeden Angriff anführen sollte.

Am Abend des 20. Mai erreichten die Deutschen schließlich die Kanalküste westlich von Abbéville bei der Sommemündung. Über 40 französische, britische und belgische Divisionen – etwa eine Million Mann – waren vom Gros der französischen Armee im Süden abgeschnitten. Im Laufe der nächsten Tage unternahmen die alliierten Kräfte den verzweifelten Versuch, über den deutschen Frontbogen anzugreifen, um wieder eine Front mit den französischen Hauptkräften im Süden zu errichten. Obwohl die Alliierten nur einen begrenzten Angriff bei Arras starteten, überraschte seine Wirkung die 7. Panzerdivision und die SS-Division »Totenkopf« völlig. Es folgte eine wilde Schlacht an den Flanken der mächtigen 7. Panzerdivision und einer SS-Elitedivision. Bis die Angreifer schließlich zum Stehen gebracht wurden, hatten sie völlige Unordnung in die Reihen der Panzertruppen und der SS-Division »Totenkopf« gebracht.

Links: An zerstörten Fahrzeugen vorbei marschieren Soldaten der SS-Division »Totenkopf« im Norden und Osten von Cambrai. Die SS-Division »Totenkopf« hatte zwar ihre ersten Kriegsverluste erlitten (16 Tote und 53 Verwundete), jedoch den Druck auf Rommels 7. Panzerdivision vermindert und es General Hoths XV. Panzerkorps ermöglicht, seinen schnellen Vormarsch durch Frankreich fortzusetzen. Auf diesen staubigen französischen Straßen im Gebiet um Cambrai und Artois blieb die Division in riesigen Verkehrsstaus stecken. Doch schon bald stand die Division »Totenkopf« wieder im Gefecht und unterstützte General Rudolf Schmidts XXXIX. Korps zwischen der 8. Panzerdivision im Süden und der 7. Panzerdivision im Norden.

Inzwischen hatte die 1. Panzerdivision, der jetzt die »Leibstandarte« angegliedert war, am Aa-Kanal die alliierten Armeen zurückgedrängt, sodass sich diese jetzt auf den Hafen von Dünkirchen zurückzogen. Das 3. Bataillon der »Leibstandarte« erhielt am 24. Mai den Befehl, einen 42 m hohen Hügel, den Wattenberg, östlich des Kanals einzunehmen. Kurz vor dem geplanten Angriff kam der berüchtigte Führerbefehl, die Panzer anzuhalten und die Stellung zu halten. Der Regimentskommandeur, SS-Obergruppenführer Sepp Dietrich, beschloss dennoch, Hitlers Befehl zu ignorieren. Die »Leibstandarte« stieß weiter auf Watten vor, bis sie von heftigem Widerstand der britischen Expeditionsstreitkräfte bei Bollezelle zum Stehen gebracht wurde.

Am Abend des 26. Mai hob Hitler seinen berühmten »Haltebefehl« auf und die Regimenter »Germania« und »Der Führer« der SS-VT-Division nahmen den Kampf wieder auf und führten im Wald von de-Nieppe eine blutige Schlacht. Das verbleibende Infanterieregiment »Deutschland«, das vorübergehend der 3. Panzerdivision unterstellt wurde, nahm am Angriff gegen britische Einheiten am Lys-Kanal bei Merville teil, wo SS-Truppen auf erbitterten Widerstand trafen.

Mit Abschluss der ersten Kriegsphase im Westen begann die Schlacht um Frankreich. Am 5. Juni 1940 eröffneten deutsche Panzergruppen auf der ganzen Linie den Angriff. Als Teile der Panzergruppe Kleist wie eine Dampfwalze auf Paris zurollten, schlossen sich die »Leibstandarte« und die SS-VT-Division dem Hauptvorstoß an. Die SS-Division »Totenkopf« rückte von Boulogne nach St. Pol vor und blieb dort in Bereitschaft. Am 9./10. Juni erhielt die bespannte SS-Polizei-Division schließlich die Erlaubnis für eigene Offensivhandlungen. Während der Überquerung der Aisne und des Ardennen-Kanals führte die Division besonders harte Gefechte gegen verbissen kämpfende französische Einheiten. Bis die SS-Verbände die Vororte von Paris erreichten, war die französische Hauptstadt von seiner Regierung schon verlassen worden. Die Panzergruppe Kleist, darunter die SS-Divisionen »Leibstandarte«, »Totenkopf« und die SS-Verfügungs-Division, preschten durch die Champagne Richtung Dijon in der Region Burgund, um den Rückzug der Reste der französischen Armee nach Südwestfrankreich zu verhindern.

Am 25. Juni 1940, der Tag an dem der Waffenstillstand in Kraft trat, standen die SS-Division »Totenkopf« und die SS-Verfügungs-Division bei Bordeaux und bereiteten sich auf die Besetzung des Küstenabschnitts vor. Die »Leibstandarte« stand unterdessen südlich der neuen Demarkationslinie bei St. Etienne und bereitete sich auf den Vormarsch nach Norden Richtung Paris vor, um an der Siegesparade teilzunehmen. Die SS-Polizei-Division stand am oberen Maaslauf bei Rondilly in Reserve.

Für die SS war der Westfeldzug vorbei. In einer Rede erklärte Hitler, dass mit diesem Krieg nicht nur das Panzerkorps sich einen Platz in der Weltgeschichte errungen hätte, sondern auch die Männer der Waffen-SS Anteil an dieser Ehre hätten. Seit dieser Rede wurde die Bezeichnung »Waffen-SS« zur anerkannten Bezeichnung für die Feldverbände dieser Elitetruppe.

Oben: Angehörige der 4. SS-Polizei-Division bei einer Rast in einer zerstörten französischen Stadt im Juni 1940. Obwohl sie unter dem Reichsführer SS Heinrich Himmler gebildet wurde, war die SS-Polizei-Division genau genommen damals keine SS-Division. Die Wehrmacht hinderte Himmler daran, Soldaten im wehrfähigen Alter zu rekrutieren, doch mit der seiner Kontrolle unterstehenden Polizei stand ihm ein Reservoir an Männern zur Verfügung. Die Division bestand aus Angehörigen der Ordnungspolizei. Im Gegensatz zu den anderen SS-Divisionen war diese zweite Wahl und nicht voll motorisiert. Statt der standardmäßigen SS-Ausrüstung wurde die Polizei-Division mit altem und erbeutetem Material ausgestattet. Als sie in Frankreich ins Gefecht geworfen wurde, hatte die Division keinerlei Kampferfahrung. Ihre Angehörigen waren beträchtlich älter als andere SS-Männer, und ihre mangelhafte Ausbildung und Ausrüstung trug auch nicht dazu bei, das Vertrauen der Wehrmacht in sie zu steigern.

Links: Männer des 1. Infanterieregiments, unter dem Befehl von Standartenführer Max Simon, mit gefangenen marokkanischen Soldaten. Dieses Regiment der SS-Division »Totenkopf« hatte den Fluss Sambre überquert und war auf Le Cateaux und Cambrai vorgestoßen. Die Männer kamen als erste Truppen dieser Division ins Kampfgebiet und führten eine Reihe erbitterter Häuserkämpfe mit marokkanischen Kräften. Dann starteten französische Einheiten einen Gegenangriff mit Panzern, doch die Infanterie der Division »Totenkopf« leistete heftigen Widerstand und wies mehrere Panzerangriffe zurück. An dieser Stelle muss erwähnt werden, dass am ersten Kampftag gegen marokkanische Einheiten nur rund 100 von ihnen in Gefangenschaft gerieten. Die meisten sich ergebenden Afrikaner wurden sofort erschossen, da man sie als »Untermenschen« betrachtete. Die Männer der Division »Totenkopf« waren die ersten, die solche Verbrechen begingen, doch alle SS-Divisionen an der Front begingen ähnliche Gräueltaten.

Rechts: Soldaten des 1. Infanterieregiments »Totenkopf« mit einigen gefangen genommenen marokkanischen Soldaten in der französischen Region Cambrai. Am Ende des Vormittags des 20. Mai 1940 hatten Einheiten die Gebiete nördlich und östlich von Cambrai gesäubert und rund 16.000 Gefangene sowie eine große Menge an Kriegsbeute gemacht. In der wilden Schlacht, bei der das Regiment die ersten Kriegsverluste erlitt, »fielen« nach eigenen Angaben etwa 200 marokkanische Soldaten, 100 Überlebende der Schlacht ergaben sich schließlich. Es ist ungewiss, wie viele der 200 marokkanischen Soldaten erschossen wurden, fest steht aber, dass ein hoher Prozentsatz von ihnen von den rassisch motivierten Truppen der Division »Totenkopf« liquidiert wurde. In den nächsten paar Tagen holten die Einheiten die französischen Verbände wieder ein und füllten die Lücke, die durch die Schnelligkeit des deutschen Panzervormarschs entstanden war.

Links: Männer der Division »Totenkopf« lassen sich mit einer SS-Seitenwagenmaschine im Abschnitt Arras fotografieren. Hier in diesem Gebiet wurde die SS-Division »Totenkopf« von britischen und französischen Kräften übel zugerichtet. Der 7. Panzerdivision erging es jedoch noch schlechter, sie verlor 20 Panzer und ebenso viele Panzerabwehrkanonen. Trotz hoher Verluste setzte die Division »Totenkopf« ihren Vormarsch Richtung Bethune am Ufer des La Bassée-Kanals fort. Er war eine natürliche Verteidigungslinie, und als die SS-Division in die Stadt kam, um über den Kanal zu setzen, traf sie auf heftigen britischen Widerstand und wurde zum Rückzug gezwungen. Erst am 24. Mai setzten Teile des 3. Infanterieregiments unter der persönlichen Führung von Theodor Eicke stromabwärts über und errichteten einen Brückenkopf.

Links: Ein Kradfahrer der Division »Totenkopf« in Frankreich, Ende Mai 1940. Neben dem üblicherweise von SS-Angehörigen getragenen Helmtarnüberzug und Koppelschloss wurde der Einheitskradmantel der Wehrmacht getragen. Er bestand aus feldgrauem gummiertem Baumwolltwill mit wasserdichten Nähten. Der Wollstoffkragen war ebenfalls feldgrau, bei frühen Modellen wie diesem dunkelblau oder dunkelgrün. Es wurden verschiedene Brillentypen an Kradfahrer ausgegeben – in diesem Fall Fliegerbrillen. Sie waren auf den staubigen französischen Straßen unentbehrlich. Dieser Kradfahrer ist vermutlich auch mit einer Meldetasche M35 ausgestattet und mit einer MP 38 oder einem Karabiner 98k bewaffnet.

Rechts: Theodor Eicke war Inspekteur der NS-Konzentrationslager und Chef aller KZ-Wachtrupps (Totenkopfverbände). Als im Oktober 1939 die SS-Division »Totenkopf« gebildet wurde, fiel natürlich die Wahl auf ihn als ihr Befehlshaber. Eicke war ein brutaler Schläger, der die Wehrmacht hasste und andere SS-Einheiten verachtete. Aber trotz seiner explosiven sozialen Ressentiments war er ein talentierter Kommandeur, der von seinen Männern abgöttisch verehrt wurde. Seine Männer schauten zu ihm auf als dem großen Organisator, und seine Entschlossenheit floss in die militärische Ausbildung der Truppe ein und machte sie auf dem Schlachtfeld zu einer aggressiven und schlagkräftigen Einheit. Eicke war empört, als er erfuhr, seine so geschätzte Division sollte gemeinsam mit der zweitrangigen Polizei-Division für die Invasion in den Niederlanden und in Frankreich in Reserve gehalten werden. Als die Division »Totenkopf« schließlich am 16. Mai 1940 aus der Reserve genommen wurde, war Eicke entschlossen, den anderen SS- und Wehrmachtseinheiten zu zeigen, woraus seine Männer gemacht waren. Sie kämpften hart, machten sich gleichzeitig aber zahlreicher Gräueltaten schuldig.

Rechts: Nach dem überraschenden Haltebefehl vom 26. Mai 1940 hatten Infanterieabteilungen der Division »Totenkopf« nicht weit vom La Bassée-Kanal entfernt nichts anderes zu tun als den endlosen Flüchtlingsstrom zu beobachten, der sich in Richtung Westen durch Frankreich ergoss. Eines der größten Probleme für Einheiten von Waffen-SS und Wehrmacht auf ihrem Vorstoß durch Frankreich war die große Flüchtlingszahl, die bereits die Straßen verstopfte. Die britischen und französischen Kräfte standen vor demselben Problem, mit der zusätzlichen Erschwernis, dass sie auf ihrem Rückzug vor den schnellen deutschen Panzerspitzen dauernd Boden- und Luftangriffen ausgesetzt waren.

Links: Truppen der Division »Totenkopf« marschieren unter der Führung ihres kommandierenden Offiziers an deutschen Schaulustigen vorbei. Im Dezember 1939 wurde die SS-Division »Totenkopf« nach Ludwigsberg, gleich nördlich von Stuttgart, beordert, und für den Angriff im Westen in Reserve gehalten. Sehr zu Eickes Bestürzung wurden seine Männer anfangs zu Besatzungsaufgaben abkommandiert, während die SS-Verfügungs-Divsion und die »Leibstandarte« in der ersten Angriffswelle zum Einsatz kamen.

Oben: Ein MG-Trupp der Division »Totenkopf« stellt das Feuer ein. Das MG 34 ist auf ein Dreibein »Lafette 34« aufgesetzt. Die Männer gehören zu Götzes 3. Infanterieregiment. Dieses Regiment überrannte am 27. Mai mit Panzerunterstützung der 4. Panzerdivision die britischen Stellungen bei Locon. Die Kämpfe in diesem Gebiet waren besonders heftig, doch die Einheiten der Division »Totenkopf« gingen bei jedem Angriff mit einer Skrupellosigkeit und Entschlossenheit vor, die ihnen vor dem Frankreichfeldzug durch Ausbildung und ideologische Indoktrination eingehämmert wurde. Zweifellos zeigten diese Soldaten beträchtlichen Mut, doch infolge ihrer zu hohen Risikobereitschaft waren die Verluste katastrophal. Theodor Eicke, der Divisionskommandeur, war für die Wehrmachtsgenerale nicht viel mehr als ein Schlächter – aber er erzielte im Kampf meist Erfolge.

Rechts: Eine gut getarnte Stellung der Division »Totenkopf« bei Boulogne. Die Division war im Mai 1940 vorübergehend von der Front in die Gegend um diese französische Stadt verlegt worden. Der britische Befehlshaber im Kanalhafen, Brigadier William Fox-Pitt, hatte Befehle erhalten, die Stadt bis zum letzten Mann und zur letzten Kugel zu verteidigen. Während er in aller Eile eine Verteidigung in den Hügeln um den Hafen aufstellte, wurden britische Soldaten unter einem Sturm aus schwerem Feuer in einer dramatischen Rettungsaktion mit britischen Kriegsschiffen evakuiert. Als sich deutsche Truppen heranarbeiteten, um den Hafen einzunehmen, versuchten die noch verbliebenen britischen Soldaten, sich auf die letzten aus dem Hafen auslaufenden Schiffe zu retten. Als die Stadt am 25. Mai fiel, hatte die Panzergruppe Kleist nach eigenen Angaben über 2000 Gefangene gemacht.

Oben: Ein Artillerist der Division »Totenkopf« in einem vorgeschobenen Beobachtungsposten mit einem optischen Entfernungsmesser. Seine Aufgabe bestand darin, die notwendigen Korrekturen an die Artilleriebatterie weiterzuleiten, wenn die Einschläge vor dem Ziel oder darüber hinaus lagen. Ein Beobachtungsposten lag natürlich innerhalb der Sichtweite des Zieles, damit eine genaue Entfernungsmessung überhaupt möglich war. Dieser SS-Mann liegt in hohem Gras und ist außerdem zwecks zusätzlicher Tarnung mit einer Tarnjacke und einem Helmtarnüberzug ausgerüstet. Die Tarnjacke war der innovativste Beitrag der SS zu militärischen Uniformen in der Kriegszeit. Heute tragen fast alle modernen Soldaten im Feld verschiedene Typen von Tarnkleidung.

Links: Männer der Division »Totenkopf« während einer Kampfpause in Frankreich. Gut zu erkennen ist hier, dass sie den Einheitswaffenrock der Wehrmacht tragen. Grund dafür war die fehlende Zahl von SS-Uniformen nach der Erweiterung der neuen SS-Divisionen im Jahre 1939. Die Soldaten trugen daher bis nach dem Frankreichfeldzug meist bunt zusammengewürfelte Uniformen, dann wurde der Einheitswaffenrock der Wehrmacht für die ganze SS eingeführt. Interessant sind die speziellen Kragenspiegel mit dem typischen Totenkopfsymbol. Die beiden Soldaten im Bild vorne tragen die Standardausrüstung eines Schützen, darunter Koppel und Patronentaschen für den Karabiner 98k. Außerdem sind sie mit Stielhandgranaten M24 bewaffnet, die einfach hinter das Koppel gesteckt wurden. Der Soldat links trägt eine Gasplane. Er trägt sie vorschriftsmäßig vorne über der Brust, oft wurde sie aber auch einfach umgehängt und am Rücken getragen.

Unten: Ein Infanterielastwagen mit Angehörigen der Division »Totenkopf« auf dem Vorstoß nach Süden, wo die französische Armee endgültig niedergeworfen werden sollte. Das Fahrzeug wurde mit Laub getarnt, um seine Erkennung aus der Luft zu erschweren. Die hier zu sehenden zusammengerollten Netze wurden verwendet, wenn das Fahrzeug längere Zeit abgestellt wurde. Interessant ist auch die über die Motorhaube gebreitete Hakenkreuzfahne für die Erkennung aus der Luft. Sowohl Einheiten der Wehrmacht als auch der Waffen-SS setzten diese rot-weiß-schwarze Flagge zumindest bis 1943 häufig ein, um nicht von den eigenen Luftkräften unter Beschuss genommen zu werden, doch dann stellte sich heraus, dass man dadurch auch ein leichtes Ziel für die wachsende alliierte Luftmacht wurde. 1944, als die Luftwaffe am Himmel kaum mehr in Erscheinung trat, kennzeichnete die SS ihre Fahrzeuge kaum noch mit Flaggen, sondern zeigte diese erst, wenn ein Flugzeug als ein eigenes identifiziert worden war.

Links: Fahrzeuge der SS-Division »Totenkopf« auf dem Weg in Richtung Süden. Im Feld sind SS-Infanteristen bei einem liegen gebliebenen französischen leichten Panzer Renault R-35 zu sehen. Unter den 3132 modernen Panzern, die den französischen Kräften im Mai 1940 zur Verfügung standen, befanden sich rund 900 Renault R-35. Der R-35 war ein leichter Panzer mit einem Gewicht von 10 Tonnen. Er war mit einer 3,7-cm-KwK bestückt und gehörte zur Ausrüstung von 20 der französischen Panzerbataillone. Die Franzosen besaßen zwar moderne Panzerfahrzeuge, aber ihre Doktrin war veraltet. Im Gegensatz zu den Franzosen erkannten die Deutschen, dass es darauf ankam, wie man die Panzer einsetzte. Sie setzten auf die Mobilität der Panzer und das Zusammenwirken mit den Luftstreitkräften, um die Alliierten zu besiegen.

Rechts: Eine Flak-Mannschaft der SS-Division »Totenkopf« an einem Flak-Vierling 38 auf dem Heck einer Halbketten-Zugmaschine. Im Anschluss an den Polenfeldzug stellte die neu gebildete SS-Verfügungs-Division ein aus drei Kompanien bestehendes leichtes Flak-Bataillon auf, wobei jede Kompanie mit zwölf dieser Flak-Vierlingen auf einem Halbkettenfahrzug Sd.Kfz.10 ausgerüstet war. Das Flak-Geschütz feuerte 0,12-kg-Spreng- und Rauchgranaten, panzerbrechende Granaten und war in der Lage, 450 Schuss pro Minute aus jedem der vier Rohre abzugeben. Der Flak-Trupp trägt Tarnjacken, jedoch keine Helmtarnüberzüge, sondern Netze zur Befestigung von Laub oder Gras. Diese Methode wurde in unterschiedlichem Ausmaß verwendet und hatte den gewünschten Effekt, die scharfen Helmumrisse aufzulösen und dem Soldaten damit eine noch bessere Tarnung zu geben.

Oben: Eine gut getarnte 3,7-cm-Pak 35/36 der SS-Division »Totenkopf« über feindlichen Stellungen bei Arras, 21. Mai 1940. Zum damaligen Zeitpunkt verfügte die SS über drei Kompanien mit jeweils zwölf 3,7-cm-Pak 35/36. Zusätzlich bildete das motorisierte Aufklärungsbataillon der SS-Division »Totenkopf« einen Panzerabwehrzug mit weiteren drei Geschützen. Als die Invasion anlief, hatte die SS-Division »Totenkopf« zusammen mit dem Rest der gemischten SS-Divisionen eine Frontstärke von 90 Pak 35/36 – die erste von der SS verwendete Panzerabwehrkanone. Die Kanone wog 432 kg und hatte einen abgeschrägten Schutzschild. Gefeuert wurden Vollgeschosse mit einer Mündungsgeschwindigkeit von 762 m/s auf eine Entfernung von 4025 m. Die Kanone kam einigermaßen erfolgreich in Polen zum Einsatz, konnte aber die starke Panzerung der französischen Char B und der britischen Matilda-Panzer nicht durchschlagen.

Rechts: Männer der SS-Division »Totenkopf« bei einer Rast vor einem Denkmal für den Ersten Weltkrieg. Bis 14. Juni wurden die Briten vom Festland vertrieben und der organisierte französische Widerstand auf dem Schlachtfeld brach schnell zusammen. Ein großer Teil der französischen Armee war immer noch in der Maginot-Linie eingeschlossen. Die SS-Division »Totenkopf« schloss sich den anderen SS-Divisionen bei der Verfolgung der Reste der französischen Armee an. In dieser Phase des Feldzugs war es nur französischen Soldaten möglich, sich zu ergeben. Französische Kolonialkräfte versuchten weiterhin, Widerstand zu leisten, denn sie wussten, dass sie keinerlei Überlebenschance hatten, wenn sie kapitulierten. Die SS betrachtete sie als »Untermenschen« und erschoss sie an Ort und Stelle. Im Wesentlichen war der Vorstoß in den Süden Frankreichs eine massive Säuberungsoperation für die Männer der SS-Division »Totenkopf«.

Unten: Fahrzeuge einer Einheit der SS-Division »Totenkopf« halten in einer französischen Stadt. Den Gesichtern nach zu urteilen befinden sich die Männer in einer euphorischen Stimmung, vermutlich haben sie gerade erfahren, dass der Frankreichfeldzug sich seinem siegreichen Ende nähert. Laut Kriegstagebuch der SS-Division »Totenkopf« hatte die Division zwischen 17. und 19. Juni 1940 bei einem Verlust von fünf Toten und 13 Verwundeten 6088 Gefangene gemacht. Mit dem Frankreichfeldzug hatte sich die SS-Division »Totenkopf« zweifellos ihre Sporen verdient. Die Division hatte trotz der mangelhaften Führung durch ihre großteils unerfahrenen Kommandeure Mut und Zähigkeit im Kampf gezeigt, gleichzeitig hatten einige Einheiten jedoch ihre Neigung zur Brutalität bewiesen. Die Liquidierung marokkanischer Soldaten und das Massaker an britischen Kriegsgefangenen brachte den Gegner zu der Überzeugung, dass es sich bei der Waffen-SS um eine Gruppe mörderischer Fanatiker handelte, die entschlossen waren, alles zu vernichten, was ihnen in die Quere kam.

Links: Zwei Soldaten der Division »Totenkopf« halten vor dem Grab ihres gefallenen Waffen-SS-Kommandeurs Wache. Die drei aufgehängten Fahnen lassen die beiden Männer klein erscheinen. Die Flagge mit den SS-Runen wird von zwei Hakenkreuzfahnen flankiert. Dieses Foto wurde nach der Begräbnisfeier aufgenommen. Bei allen SS-Bestattungen von Offiziersrängen gehörte es zum Ritual, dass SS-Soldaten am Grab der Gefallenen Wache hielten. Zwar war der Verlust eines Kommandeurs oder Kameraden immer traurig, aber jeder Soldat war sich bewusst, dass er einen Treueid auf den Führer geschworen hatte und ihm damit Gehorsam bis zum Tod versprochen hatte.

Oben: Pioniere der SS-Division »Totenkopf« in SS-Sommertarnjacken bauen während ihres Vorstoßes nach Süden eine behelfsmäßige Holzbrücke. Die Schlacht um Frankreich war genau die Art von Kampf, die dem Geschmack des SS-Soldaten entsprach: gefragt waren Improvisation, Wagemut und vor allem Schnelligkeit. Auf dem gesamten Feldzug gaben die Panzerkräfte daher den strategischen Impuls. Immer wieder wurden die Überreste der geschlagenen französischen Armee im offenen Gelände von deutschen Panzerkräften und kleinen Gruppen SS-Soldaten aufgerieben oder zum Rückzug gezwungen. Schon in der Eröffnungsphase der Schlacht um Frankreich zeigte sich deutlich, dass die französische Armee, von den Marschällen bis hinunter zum gewöhnlichen *poilu*, den überlegenen Kampfleistungen des Gegners auf dem Schlachtfeld nicht gewachsen war. Doch trotz aller Bravour und Härte, mit der die deutschen Operationen durchgeführt wurden, gab es Gebiete, in denen die vorstoßenden Panzereinheiten aufgrund isolierter französischer Widerstandsnester nicht in gewohnter Art und Weise einfach übers offene Gelände fegen konnten.

Oben: Eine Gruppe von Soldaten der Division »Totenkopf« lässt sich nach dem Sieg über die französische Armee Ende Juni 1940 fotografieren. Trotz ihrer Erfolge waren die Verluste der SS-Division »Totenkopf« beträchtlich höher als anfangs erwartet. Sie beliefen sich in der Schlacht um Frankreich auf 1152 Gefallene, also auf über 10 Prozent der Einheitskampfstärke. Diese hohe Verlustrate war nicht nur das Ergebnis von Wagemut und Unerschrockenheit, sondern war auch der Unerfahrenheit der Offiziere zuzuschreiben, die damit viele Einheiten unnötigen Risiken an der Front aussetzten. Wehrmachtsoffiziere, die bisher der SS skeptisch gegenüberstanden, mussten nun ihre Tapferkeit anerkennen, aber kaum einer kümmerte sich um ihre vielen Akte der Barbarei.

Rechts: Angehörige des Fernmeldebataillons der SS-Division »Totenkopf« mit Funkgerät in Nordfrankreich. Es handelt sich vermutlich um einen vorgeschobenen Beobachtungsposten, von dem aus Informationen über Zielkoordinaten an die Befehlshaber der angreifenden Panzereinheiten weitergeleitet wurden. An die meisten Kampftruppen der Waffen-SS wurden 1940 Tarnjacken ausgegeben. Sie waren wasserdicht und wendbar. Auf beiden Seiten waren Tarnmuster in unterschiedlichen Farbtönen aufgedruckt: Grüntöne für Frühling und Sommer, Brauntöne für Herbst und Winter. Es gab zwar unterschiedliche Muster, die Kombination von Blattformen und Flecken war aber typisch für alle SS-Tarnjacken.

Links oben: Einheiten der bespannten SS-Polizei-Division in Frankreich. Selbst 1940 waren die deutschen Streitkräfte bei ihrer Logistik noch zu über 75 Prozent von Pferden abhängig. Das den wenigen Panzerdivisionen folgende Gros der Wehrmacht und SS bewegte sich entweder zu Fuß oder mit Pferden. Hitler hatte zwar die Absicht, seine Armee voll zu mechanisieren, doch bei Kriegsausbruch im September 1939 diente den meisten Divisionen immer noch das Pferd als Zugmittel. In welchem Ausmaß sich die deutsche Kriegsmaschine auf Pferde stützte, lässt sich am besten durch die Tatsache veranschaulichen, dass 1940 an der Westfront über 100.000 Tiere in der Eröffnungsphase des Feldzugs im Einsatz standen – eine noch größere Zahl ein Jahr später in Russland. Pferde kamen in allen Teilen der Wehrmacht und SS zum Einsatz, wo sie für den Transport von Munition und Nachschub sowie für das Ziehen von Geschützen herangezogen wurden. Auch Kavallerieeinheiten wurden an der Westfront eingesetzt, in erster Linie für Sicherung und Aufklärung.

Links unten: Soldaten der SS-Polizei-Division bei einer Rast während der Fahrt durch Frankreich im Juni 1940. Bei dieser Division waren verschiedenste Abzeichen in Verwendung. Polizeirangabzeichen wurden bis weit in den Krieg hinein verwendet. Ihre Uniformen stellten eine Mixtur aus Wehrmacht und SS dar, und ihre Ausrüstung war im Vergleich zu Eliteverbänden wie der »Leibstandarte« relativ antiquiert. Die SS-Polizei-Division wurde zu Beginn des Frankreichfeldzugs in Reserve gehalten und in Tübingen hinter der Front der Heeresgruppe C am oberen Rhein stationiert. Die Division war an den Kampfhandlungen in Frankreich nicht in großem Maße beteiligt, schlug sich aber relativ gut gegen feindlichen Widerstand bei einem Übergang über die Aisne.

Rechts: Kradfahrergruppe eines nicht bekannten Regiments der »Totenkopf«-Division bei einer Rast auf dem anstrengenden Vormarsch durch Frankreich, Anfang Juni 1940. Alle Männer tragen den doppelreihigen beschichteten Kradmantel. Er wurde mit Heereshandschuhen aus Leder und Leinwand oder Stofffäustlingen getragen sowie mit Überschuhen und Gamaschen oder einfach mit normalen Stiefeln. Drei der Kradfahrer tragen einen Stahlhelm M35/40 mit schiefergrauem Anstrich. Gut zu sehen ist auch das Hakenkreuz auf der linken Helmseite. Während der Kämpfe in Frankreich behalfen sich viele SS-Soldaten mit Schlamm, um die glänzende Helmoberfläche etwas zu mattieren. Die Soldaten fanden, dass man weniger leicht entdeckt wurde, wenn die Helmoberfläche nicht glänzte. Die SS-Runen und Parteiabzeichen wurden ebenfalls mit Schlamm abgedeckt.

Links: Zwei Soldaten der SS-Division »Totenkopf« sehen sich in der Nähe des La Bassée-Kanals eine auf einem leichten Panzerspähwagen Sd.Kfz. 221 ausgebreitete Karte an. Genau hier erhielten Truppen der Division »Totenkopf«, nachdem sie anfangs durch heftigen britischen Widerstand schwere Verluste erlitten hatten, den Befehl, 97 gefangen genommene Männer des Royal Norfolk Regiment zu liquidieren. Die britischen Soldaten waren in einem Bauernhaus nahe der Ortschaft Le Paradis umzingelt worden. Als ihnen die Munition ausging, kamen sie zögernd unter einer gehissten weißen Flagge heraus, um sich der 14. Kompanie des 1. Bataillons des 2. Regiments zu ergeben. SS-Obersturmführer Fritz Knöchlein, der anwesende ranghöchste Offizier, gab den Befehl, die britischen Gefangenen über eine nahe gelegene Straße in eine Scheune zu führen, wo sie anschließend kaltblütig mit Maschinengewehren erschossen wurden.

Oben: Angehörige der 4. SS-Polizei-Division haben einen Pferdewagen von der Hauptstraße geschafft und sind gerade beim Entladen. Besonders interessant sind die beiden Funker, die scheinbar gerade dabei sind, Nachrichten zu senden oder zu empfangen. Beide tragen Kopfhörer über der Feldmütze M38. Die Helme M35 der Soldaten zeigen Hoheitsadler und Hakenkreuz der Wehrmacht. Alle Männer tragen schwarze Marschstiefel aus Leder. Die persönliche Ausrüstung der Männer wurde standardmäßig bei der Wehrmacht ausgegeben, darunter eine Gasmaskenbüchse, aufgerollte Zeltbahn, Brotbeutel, Kochgeschirr, Schanzzeug, Bajonett, Koppel und Kar 98k-Patronentasche.

Rechts: Ein Pz.Kpfw. III mit einer 3,7-cm-Kwk dient einer vorrückenden Einheit der SS-Polizei-Division als Unterstützung. SS-Einheiten griffen immer in kleinen Formationen an, die von ihren eigenen schweren Waffen und Panzern Deckung erhielten und sich von einzelnen Panzern fern hielten, weil diese das stärkste Feindfeuer auf sich zogen. Beim Angriff einer Panzerkompanie mit Infanterie standen gewöhnlich zwei Züge an der Front, ein Zug im rückwärtigen Gebiet und der vierte in Reserve. Als die SS-Polizei-Division im Juni 1940 in den Kampf geworfen wurde, ging der Bedarf an Panzerunterstützung allmählich zurück, weil die Panzer einen Sieg nach dem anderen errangen. Einige Panzereinheiten waren der Infanterie bis zu 24 km voraus, weil sie kaum auf Widerstand trafen.

Links: Das Grab zweier Gefallener der SS-Polizei-Division. Diese Art von Bestattung mit den SS-Runen in weißer Farbe auf dem frischen Grab war üblich, besonders für Offiziere und Unteroffiziere. Es wurde viel Aufhebens um die im Kampf gefallenen SS-Soldaten gemacht, und die Begräbnisse waren genau auf die NS-Ideologie zugeschnitten, vor allem auf Himmlers Konzept des gefallenen Kriegers der arisch-nordischen Rasse. Für den Reichsführer war der SS-Soldat das Ideal des arischen Mannes, und wenn dieser »Krieger« auf dem Schlachtfeld fiel, sollte er bei seinem Begräbnis als ein Held des »Schwarzen Ordens« geehrt werden. SS-Begräbnisse waren fast schon mystische Veranstaltungen, die alle Anwesenden in der Überzeugung bestärken sollten, dass sie nicht nur einer überlegenen Rasse, sondern auch einer Elitetruppe von Soldaten angehörten, die in einer gemeinsamen Sache vereinigt waren: Sie zeichneten sich durch eine fanatische Entschlossenheit aus, für den Führer zu kämpfen, auch wenn dies bedeutete, das eigene Blut auf dem Schlachtfeld zu vergießen.

Rechts: Das Grab eines 26-jährigen Soldaten namens Karl Koch, der dem 8. Polizei-Schützen-Regiment 1 der SS-Polizei-Division angehörte. Er fiel in Frankreich am 10. Juni 1940, nur drei Tage vor dem triumphalen Einzug der Deutschen in Paris. Während der Kämpfe in Frankreich bewies die SS immer wieder ihren Mut gegenüber einem entschlossenen Gegner, zahlte dafür aber einen hohen Blutzoll. Die SS-Polizei-Division, die als zweite Wahl betrachtet wurde, erlitt in Frankreich besonders hohe Verluste wegen der mangelhaften Ausbildung und Ausrüstung ihrer Soldaten. Während ihres kurzen Einsatzes an der Westfront kamen die Einheiten der SS-Polizei-Division nur schwer voran und führten eine Reihe von Nahkämpfen in dem verzweifelten Versuch, den zähen Widerstand isolierter französischer Einheiten zu brechen.

Oben: Soldaten der »Leibstandarte SS Adolf Hitler« bei der Überquerung einer zerstörten Marne-Brücke am 12. Juni 1940. Das 2. Bataillon der »Leibstandarte« stieß bei St. Avige an die Marne und erzwang einen Übergang. Noch am selben Abend schnitt das Bataillon die Hauptbahnlinie ab. Später an diesem Abend wurde das Regiment von der Front abgezogen. In dieser Phase hatte der Krieg an der Westfront für die SS-Soldaten den Charakter einer Verfolgungsschlacht angenommen. Es wurde schnell klar, dass die Westalliierten nicht in der Lage waren, den deutschen Vormarsch aufzuhalten. Die motorisierte »Leibstandarte« setzte ihren wilden Vorstoß fort, während nachrückende Divisionen im rückwärtigen Gebiet Säuberungsoperationen durchführten. Am 21. Juni hatte die »Leibstandarte« St. Etienne erreicht, wo sich eine starke feindliche Garnison ergab. An der Flanke der »Leibstandarte« säuberten Soldaten der SS-Division »Totenkopf« das Gebiet von noch übrigen feindlichen Kräften, während ihre Aufklärungskompanie ein wildes Gefecht mit französischen Kolonialtruppen bei Tarare führte und dabei rund 6000 Gefangene machte.

Rechts: Männer der SS-Polizei-Division legen in einem Feld eine Rast ein und warten auf ihre weitere Verlegung. Die Division kam erst spät zum ersten Mal mit den Kämpfen in Berührung, und zwar beim Sturmangriff über die Aisne beim Ardennen-Kanal. Als die Ziele in diesem Abschnitt gesichert waren, rückte die Division weiter in den Argonnerwald, wo sie um die Stadt Les Islettes kämpfte. Dieses Foto wurde am 18. Juni 1940 aufgenommen. An diesem Tag nahmen deutsche Kräfte Rennes ein, die 5. Panzerdivision erreichte Brest. Zwei Tage später, am 20. Juni 1940, wurde die SS-Polizei-Division von der Front abgezogen und wieder in Reserve gestellt. Sie blieb in Frankreich, bis sie 1941 nach Ostpreußen verlegt wurde, um am Überfall auf die Sowjetunion teilzunehmen.

Links: Einheiten der SS-Polizei-Division überqueren den Ardennen-Kanal. Fahrräder erwiesen sich als überraschend nützlich, obwohl die Soldaten auf schwierigem Gelände ernsthaft behindert waren. In Frankreich war die Landschaft aber relativ flach und ideal für dieses Fortbewegungsmittel. Die Soldaten sind mit dem Kar 98k bewaffnet, den sie umgehängt haben. Diese von Mauser entworfenen 7,92-mm-Büchsen mit Zylinderverschluss gingen schon auf den Anfang des Jahrhunderts zurück und waren fast die gesamte Kriegsdauer das Standardgewehr der Deutschen. Das Gewehr hatte eine Magazinkapazität von 5 Schuss, wog nur 4 kg und hatte eine Mündungsgeschwindigkeit von 785 m/s. Trotz enormer Produktionszahlen konnten die deutschen Fabriken den Bedarf der Fronttruppen nicht decken, deshalb verwendete die SS auch verschiedene ausländische Beutegewehre.

Oben: Auf der Fahrt durch die Ardennen überquert ein Nachschubwagen einen Graben, der schon einige schwere Fahrzeuge hinter sich hat. Um ein Einsinken der Fahrzeuge im schlammigen Gelände zu verhindern oder um beschädigte Fahrbahnen abzudecken, verwendete man üblicherweise große Balken und erleichterte damit die Überfahrt. Diese Männer gehören zur SS-Polizei-Division. Weil die Division nicht motorisiert war und sich beim Transport hauptsächlich auf Pferde stützte, war der Vormarsch durch die Ardennen für die Truppen eine echte Herausforderung. Ein Jahr später in Russland wurden einige Kettenfahrzeuge an die Division ausgegeben, um die Probleme beim Transport von Männern, Ausrüstung und Pferden in schwierigem Gelände in den Griff zu bekommen. Plötzliche Regengüsse behinderten auch in Frankreich die Pferdewagen, von denen die Versorgung der Division abhing. Aber nichts konnte die Truppen auf das vorbereiten, was sie im Herbst und Winter 1941 an der Ostfront erwartete.

Oben: Eine Gruppe von Offizieren der SS-Polizei-Division trifft sich im Juni 1940 mit einem der SS-Fotografen der Division. Fotografen trugen wesentlich dazu bei, die deutsche Öffentlichkeit via Propagandaministerium in Berlin mit Neuigkeiten von der Front zu versorgen, aber viele von ihnen erhielten den strikten Befehl, die Männer nicht bei alltäglichen Pflichten zu zeigen, sondern nur im Kampfeinsatz, um die SS im heroischsten Licht darzustellen. Daher durften selbst Gefechtssituationen, bei denen es um Leben und Tod ging, nur gestellte Fotos sein, wobei immer darauf zu achten war, dass das Bild ausgewogen, scharf und qualitativ hochwertig war.

Links: Ein SS-Artilleriebataillon der »Leibstandarte« in der späteren Phase der Schlacht um Frankreich im Juni 1940. Obwohl in dieser Kriegsphase die »Leibstandarte« eine Verfolgungsschlacht führte, kam es in gewissen Frontabschnitten gelegentlich doch zu schweren Kämpfen. So musste die der 19. Panzerdivision unterstellte »Leibstandarte« am 19. Juni 1940 eine französische Barrikade auf einer Allier-Brücke angreifen. Nach einem heftigen Feuerwechsel sprengten französische Truppen die Brücke, noch bevor der SS die Einnahme gelang. Am 22. Juni war die »Leibstandarte« wieder an Kämpfen um die Stadt St. Etienne beteiligt. Hier stellte sie ihren Kampfwert wieder unter Beweis.

Rechts: Ein neuer kommandierender Offizier eines nicht bekannten Regiments der »Leibstandarte« begrüßt im Juni 1940 seine Truppen. Der Offizier trägt eine feldgraue Schirmmütze M37. Auf allen SS-Feldmützen wurden Abzeichen mit Adler und Hakenkreuz sowie dem SS-«Totenkopf« getragen. Der von SS-Offizieren getragene Adler unterschied sich von jenem des Heeres oder der Marine. Die Männer tragen den Waffenrock M40 der Wehrmacht. Auf dem rechten Kragenspiegel befinden sich die für die Kriegszeit typischen maschinengestickten Runen, auf dem linken das Abzeichen eines SS-Sturmmanns mit Streifen auf schwarzem Wollstoff. Die Schulterklappen sind weiß eingefasst, tragen aber nicht die Buchstaben »LAH« der Einheit.

Links: Ein typischer Soldat der »Leibstandarte« im Rang eines SS-Sturmmanns auf Wache. Er ist mit einem Karabiner 98k bewaffnet und trägt das übliche Koppel des Heeressoldaten sowie Patronentaschen. Beim Stahlhelm handelt es sich um das Modell M35/40 mit einem frühen Entwurf der Sig-Runen auf der rechten Helmseite. Bis zu seiner offiziellen Abschaffung 1943 war das Runenzeichen ein beliebtes Symbol, war aber noch bis Kriegsende zu sehen. Die Wache trägt den Waffenrock M40, der von allen Soldaten der »Leibstandarte SS Adolf Hitler« getragen wurde. Eines der bekanntesten Abzeichen, das von Soldaten dieser Einheit in Kriegszeiten getragen wurde, war das »Adolf Hitler«-Ärmelband. Es wurde am linken Ärmel getragen und zeigte die Unterschrift des Führers in Sütterlinschrift. Es blieb im Wesentlichen von den 1930ern bis Kriegsende unverändert.

Links: Der Vorstoß durch Frankreich Richtung Süden war eine einzige große Säuberungsaktion. Zwischen 17. und 19. Juni machte die SS-Division »Totenkopf« 6088 Gefangene. Am 20. Juni wurde im Kriegstagebuch der SS-Division »Totenkopf« verzeichnet, dass ein Aufklärungsbataillon die Kapitulation von 1300 französischen Soldaten entgegennahm. Obwohl die Division bis Juni 1940 in Reserve blieb, hatten sich die Soldaten der SS-Division »Totenkopf« im Frankreichfeldzug zweifellos als Kampftruppe bewiesen, mussten dafür aber einen hohen Preis zahlen. Mit 1152 Mann waren die Verluste ziemlich hoch. Die meisten von ihnen hatten ihr Leben für die Erreichung vermeintlich wichtiger Ziele riskiert. Diese fanatischen Soldaten glaubten nicht an das Wort »Niederlage«. Auch Pardon auf dem Schlachtfeld gegenüber ihrem Feind war ihnen fremd. Die Brutalität und Barbarei dieser Division musste daher wohl oder übel von ihren Kampferfolgen ablenken.

Rechts: Soldaten der Eliteformation »Leibstandarte SS Adolf Hitler«. Die »Leibstandarte«, die ursprünglich aus Hitlers Leibwache hervorgegangen war, war von 1933 bis 1940 von Kompaniegröße zu einem verstärkten Regiment gewachsen. Bei Kriegsende war sie eine immens starke und übergroße Panzerdivision. Dieses Foto wurde am 5. Juni 1940 aufgenommen, als insgesamt 140 deutsche Divisionen zur Schlacht um Frankreich ansetzten. Die »Leibstandarte« und die SS-Verfügungs-Division waren auf dem Vormarsch nach Paris Teil der Panzergruppe Kleist. Auf dem ganzen Vormarsch hatten die SS-Einheiten bei der Verfolgung der sich zurückziehenden französischen Kräfte Richtung Süden kaum eine Pause. Am 12. Juni überquerten sie die Marne.

Links: Angehörige der SS-Polizei-Division legen auf ihrem Vormarsch in einer französischen Stadt eine Rast ein. Die SS-Polizei-Division war hauptsächlich auf Pferde angewiesen, was aber kein ernsthaftes Hindernis war, weil sie im Westen nur begrenzt zum Einsatz kam. Die meisten dieser Soldaten sind über weite Strecken zu Fuß neben ihren Pferden hermarschiert. Man war auf das Pferd angewiesen, denn wegen des ernsthaften Engpasses an Fahrzeugen bei den deutschen Streitkräften waren Pferde die einzig verfügbaren Fortbewegungsmittel. Wie bei allen Kriegen litten nicht nur die Menschen auf dem Schlachtfeld; auch die Pferde wurden bis zum Letzten gefordert. In den meisten Fällen wurden die Tiere an der Westfront entweder durch Granatfeuer getötet oder fielen dem MG-Beschuss aus der Luft zum Opfer. Viele starben an Überanstrengung beim Ziehen von Geschützen oder Nachschub. Doch erst beim Ostfeldzug waren die Verluste wirklich enorm: Täglich starben im Schnitt 1000 Pferde auf den weiten Ebenen Russlands.

Rechts: Truppen bei einer Rast nach schweren Kämpfen in einer französischen Stadt. Diese Männer der SS-Polizei-Division warten auf Befehle, um ihren Vormarsch fortzusetzen. Die meisten Soldaten halten immer noch ihren Karabiner 98k, was darauf hinweist, dass das Gebiet noch nicht sicher ist. Wegen der Knappheit an Gewehren wurden in der Division auch ausländische und veraltete Typen verwendet. Unter den Maschinenpistolen wurde die MP 38/40 von dieser Division bis zum Dienst an der Ostfront nicht so häufig verwendet. Geliefert wurden aber kleinere Mengen früher Modelle wie die Bergmann-MP 28. Diese Waffe zeichnete sich durch eine gute Fertigung aus und wurde von den Männern als gelungener Entwurf betrachtet.

Links: Auf einer staubigen Straße zieht eine Marschkolonne der SS-Division »Totenkopf« Richtung Süden, zur endgültigen Niederwerfung der französischen Armee. Dieses Foto wurde am 14. Juni 1940 aufgenommen, als diese Männer die Marne in Richtung Süden überschritten. Die Division hatte bereits schwere Schläge eingesteckt – in der letzten Maiwoche hatte sie nicht weniger als 1140 Verluste erlitten, darunter 300 Offiziere. Die Verluste waren so groß, dass Himmler Eicke zwang, 300 noch nicht fertig ausgebildete Offizierskadetten zu akzeptieren, damit die Division auf dem Schlachtfeld überhaupt überleben konnte. Auf dem Vorstoß nach Süden kämpften die Soldaten gut und zeichneten sich durch bemerkenswerte Bravour und Zähigkeit aus. Doch dieses Heldentum verwandelte sich bald in entsetzliche Akte der Barbarei. Bei Dijon wurde die 5. Kompanie des 2. Bataillons des 2. Regiments der SS-Division »Totenkopf« in eine wilde Schlacht gegen marokkanische Truppen verwickelt. Diese Soldaten wurden als »minderwertige Rasse« und »Untermenschen« betrachtet, deshalb wurden die meisten Marokkaner, die sich ergaben, kurzerhand liquidiert. Im gesamten Kampfgebiet kämpfte sich die SS-Division »Totenkopf« brutal in den Süden vor, und die einzigen feindlichen Soldaten, die sich ergeben konnten, waren weiße.

Oben: Männer der SS-Polizei-Division warten darauf, bis für ihre Gefallenen ein Grab ausgehoben ist. Für mehrere Bestattungen wurden oft größere Gemeinschaftsgräber gegraben. Die Leichname der Soldaten wurden dann einzeln nebeneinander zur Ruhe gebettet. Sie wurden mit Erde bedeckt und bei jedem Soldaten wurde ein Kreuz mit den SS-Runen platziert. Offiziere wurden gewöhnlich in Einzelgräbern mit allen SS-Ehrenbezeigungen bestattet. Die Verluste der SS-Polizei-Division in Frankreich waren niedriger als bei anderen SS-Einheiten, was vor allem der Tatsache zuzuschreiben war, dass die Polizei-Division eine zweitrangige Formation war, die nur eine begrenzte Zeit im Einsatz gegen den Feind stand.

Oben: Zwei Soldaten der SS-Polizei-Division in einem Feld in Nordfrankreich. Sie befinden sich scheinbar im Einsatz, es handelt sich aber mit größter Wahrscheinlichkeit um ein gestelltes Foto, da der Fotograf sonst in einer ziemlich exponierten Lage gewesen wäre. Ein Soldat ist mit einem Karabiner 98k bewaffnet, während sein Kamerad eine MP 38 zu tragen scheint. Diese Maschinenpistole wog 4,1 kg, verfügte über eine effektive Reichweite von 200 m und konnte Dauerfeuer mit einer Feuergeschwindigkeit von bis zu 500 Schuss pro Minute geben. Die MP 38 erwies sich als eine der effektivsten Maschinenpistolen im Zweiten Weltkrieg und wurde von der SS in großer Zahl eingesetzt. Nicht nur wegen der hohen Feuergeschwindigkeit bei Dauerfeuer, sondern auch weil sie leicht tragbar und äußerst robust im Einsatz war, wurde sie von den Männern geschätzt.

Rechts: Einheiten der SS-Division »Totenkopf« bei der Verfolgung der letzten Reste der französischen Armee südlich der Marne. Die meisten Männer haben ihre Gewehre geschultert, weil sie so leichter zu tragen sind. Am 14. Juni 1940 erhielten diese Einheiten die Nachricht vom Fall von Paris. Die eigentliche Schlacht um Frankreich war fast vorbei, aber diese Soldaten waren sich der zahlreichen isolierten französischen Widerstandsnester im Gebiet bewusst. In den nächsten elf Tagen stieß die Division »Totenkopf« weiter nach Süden, wo sie in mehrere heftige Gefechte verwickelt wurde. Einige der Kämpfe waren so wild, dass die SS-Soldaten gezwungen waren, einen Häuserkampf zu führen. Sowohl französische als auch marokkanische Truppen kämpften tapfer gegen die Elitesoldaten der SS-Division »Totenkopf«. In einigen dieser Schlachten waren französische Einheiten ihrem Gegner zwei oder sogar drei zu eins überlegen, aber durch ihren Fanatismus und erwiesenen Kampferfolg gelang es der Division immer wieder, kritische Situationen zu bewältigen und den Gegner auszuschalten.

Oben: Der Fall von Paris hatte in der SS Jubel ausgelöst. Die Soldaten der »Leibstandarte« waren sogar so überwältigt, als sie die Nachricht in ihren Quartieren in Etrepilly erreichte, dass einige SS-Männer in fieberhafter Aufregung die Glocken der kleinen Dorfkirche läuteten. Hier marschieren Trommler und Flötenspieler von der Ehrenkompanie der »Leibstandarte« am 16. Juni 1940 unmittelbar nach dem Fall der Stadt durch Paris. Die Musiker tragen die so genannten Schwalbennester, ein traditioneller Uniformschmuck, der von europäischen Militärmusikern getragen wurde. An ihnen erkannte man die Waffengattung des Trägers sowie seine Zugehörigkeit zur Militärmusik. Die Tribüne befand sich in der Avenue Foch, auf halbem Weg zwischen Triumphbogen und Porte Dauphine.

Rechts: Dieses Foto wurde am 16. Juni 1940 aufgenommen und zeigt Truppen der Division »Totenkopf« südlich der Marne. In nur neun Tagen hatte die SS-Division »Totenkopf« die letzten Reste der französischen Armee zusammengetrieben und sie in die im rückwärtigen Gebiet hastig errichteten Kriegsgefangenenlager eskortiert. Am 25. Juni wurde die Division zu Besatzungsaufgaben südlich von Bordeaux nahe der spanischen Grenze abkommandiert. Bis zum Waffenstillstand am 25. Juni waren andere deutsche Angriffsspitzen in die so genannte französische »Freizone« eingedrungen, die laut Waffenstillstandsabkommen der neuen Vichy-Regierung überlassen wurde. Deutsche Panzer standen südlich von Lyon außerhalb von Bordeaux und eine Zeit lang befanden sich deutsche Motorfahrzeuge in Vichy. Sowohl Wehrmacht als auch SS-Truppen zeigten nun Großmut gegen den Besiegten und zogen sich bei Inkrafttreten des Waffenstillstands langsam nach Norden zurück.

Oben: Truppen der SS-Polizei-Division im Lager bei der Stadt Les Islettes. Dieses Foto wurde am 21. Juni 1940 aufgenommen. Zu dieser Zeit war die Division bereits aus der Front gezogen und in Reserve gestellt worden. Fast ein Jahr lang blieb sie in Frankreich stationiert, dann erfolgte ihre Verlegung an die Ostfront. Obwohl sie kurze Zeit Seite an Seite mit anderen SS-Einheiten in Frankreich kämpfte, wurde die Division nicht als eine echte SS-Formation betrachtet. 1942 gab es bei der Division in Russland eine leichte Veränderung: Sie erhielt SS-Uniformen und auch Ärmelbänder mit der Aufschrift »4. Polizei-Division« in Sütterlinschrift. Trotzdem trugen noch viele Soldaten der Polizei-Division die Uniformen der Ordnungspolizei oder der Wehrmacht. Bis Kriegsende wurde die Polizei-Division zur 4. SS-Panzergrenadierdivision Polizei ausgebaut.

Oben: Paris fiel am 14. Juni 1940 an die Wehrmacht. Zwei Tage später trat Premierminister Reynaud zurück und wurde von Marschall Philippe Pétain abgelöst. Der inzwischen gealterte Held von Verdun nahm sofort mit den Deutschen Kontakt auf und suchte um einen Waffenstillstand an. Am selben Tag hielten die deutschen Truppen eine Siegesparade auf der Pariser Avenue Foch ab. Eine Parade von Trommlern und Flötenspielern folgte den Truppen von General Briesens 30. Infanteriedivision. Die Wehrmacht spielte bei der Siegesparade durch Paris eine wichtige Rolle, und die bei der Militärzeremonie anwesende SS war zweifellos in der Minderheit.

Während des Westfeldzugs wurden in den offiziellen Tagesberichten vom OKW das Heer, die Marine und die Luftwaffe erwähnt, aber nie die SS. Die Waffen-SS erhielt dann aber doch noch öffentliche Anerkennung für ihren Einsatz an der Westfront im Jahr 1940. Hitler selbst fasste in einer seiner Reichstagsreden die große gewonnene Schlacht in Frankreich zusammen und lobte alle deutschen Kräfte, die am Feldzug teilgenommen hatten. Er erklärte seinen Zuhörern, dass zum ersten Mal auch die tapferen SS-Divisionen und SS-Regimenter gekämpft und sich neben dem deutschen Panzerkorps einen Platz in der Geschichte errungen hätten.

Oben: SS-Truppen säumen die Avenue Foch, eine Militärkapelle biegt gerade beim Triumphbogen ein. Ein Kradfahrer führt mit seiner Seitenwagenmaschine die marschierende Kapelle an. Der Soldat im Bild vorne im Rang eines Sturmmanns gehört höchstwahrscheinlich zur SS-Polizei-Division. Er trägt einen Stahlhelm M35, was zeigt, dass er Wachdienst hat. Zu seiner Rechten stehen einige Kameraden und beobachten die Feierlichkeiten. Sie tragen alle die Feldmütze M38 mit dem SS-Totenkopfzeichen. Der Siegesmarsch durch Paris setzte sich hauptsächlich aus Wehrmachtstruppen zusammen, die SS war durch die »Leibstandarte« vertreten. Obwohl der deutsche Sieg im Westen 1940 auch ohne SS-Divisionen hätte errungen werden können, trugen diese Truppen doch bedeutend dazu bei. Das Maß ihres Erfolges war nicht Quantität, sondern Qualität. Mit Ausnahme der Polizei-Division besaß die Wehrmacht 1940 nur wenige Infanterieverbände, die mit den schnellen und effizienten Panzerdivisionen mithalten konnten. Es waren hauptsächlich die SS-Verbände, die mit den schnell vorstoßenden Panzern Schritt halten konnten. Deutschlands arische Elite gewann durch ihre Erfolge im siegreichen Westfeldzug schließlich doch ein gewisses Maß an Akzeptanz innerhalb der Wehrmacht.

DER BALKAN-FELDZUG

Im Oktober 1940 fielen die Italiener in Griechenland ein. Innerhalb weniger Wochen wurden sie von den Griechen nach Albanien zurückgedrängt.

Hitler war zunehmend unzufrieden mit der Stellung der Achse auf dem Balkan und gab seinen Kommandeuren den Befehl, einen Plan für einen deutschen Angriff auf Griechenland auszuarbeiten. Mitte Dezember 1940 befand sich das Unternehmen »Marita«, so der Deckname für die Invasion in Griechenland, bereits in der Endphase der Planung. In den folgenden drei Monaten wurden deutsche Divisionen nach Südrumänien verlegt. Im Februar 1941 schloss sich ihnen die »Leibstandarte SS Adolf Hitler« als Teil von General Lists 12. Armee an. Einen Monat später wurde die SS-Division »Das Reich« (die frühere SS-VT-Division) von Frankreich nach Temesvar in Südwestrumänien verlegt, um an der Seite der 2. Armee an der Invasion in Jugoslawien teilzunehmen. Der Aufmarsch nach Rumänien war für die Truppen der Division »Das Reich« mit größten Anstrengungen verbunden gewesen: es kam zu Verkehrsstaus, den Einheiten ging der Treibstoff aus, Fahrzeuge blieben liegen, überladene Lastwagen schafften es kaum, mit den Kolonnen im steilen Gebirge mitzuhalten. Aber obwohl der Start schwierig war, stellten diese zähen Kämpfer ihren Wert im Gefecht bald unter Beweis.

Links: Soldaten der Division »Das Reich« quälen sich mit einer Seitenwagenmaschine durch den Schlamm, Eröffnungsphase des Balkanfeldzugs im April 1941. Für diesen Eliteverband der Waffen-SS lief der Vormarsch nach Belgrad nicht reibungslos.

Am 6. April fielen deutsche Kolonnen von Panzergrenadieren schließlich nach einem systematischen Bombardement Belgrads in gewohnter Blitzkriegmanier in Jugoslawien ein. Die Division »Das Reich« erhielt von SS-Obergruppenführer (General) Paul Hausser den Befehl, Belgrad um jeden Preis einzunehmen. Am 11. April gab er den Befehl an seine Männer aus, die Division müsse, ganz gleich wie die Umstände seien, die Belgrader Brücken einnehmen und als erste Truppe in der Stadt einlangen. Was folgte, war ein mühsamer Vorstoß von einer Hand voll Männern über den vom Regen aufgeweichten Boden. Die Männer kämpften sich gegen starken Widerstand nach Belgrad vor. Entschlossen arbeiteten sie sich an die jugoslawische Hauptstadt heran, während über ihnen die Luftwaffe die mangelhaft ausgerüstete jugoslawische Armee permanent unter Beschuss nahm.

Am 13. April erreichten Soldaten vom Aufklärungsbataillon der Division »Das Reich« die schwer bombardierte Hauptstadt. Hauptsturmführer Fritz Klingenberg, ein Kompaniekommandant des Bataillons, nahm die Stadt mit nur zehn Mann ein. Für diese gewagte und kühne Aktion zeichnete ihn Hitler mit dem Ritterkreuz aus. In einem ebenso entschlossenen Vorgehen hatten die Soldaten des Regiments »Deutschland« es mit ihrem gesamten Bataillon erfolgreich durch Alibunar und weiter geschafft, in dem Bewusstsein, dass die jugoslawische Verteidigung vor ihnen sich rasch auflöste.

Inzwischen führte auf dem südlichen Kriegsschauplatz die 12. Armee zusammen mit der »Leibstandarte SS Adolf Hitler« und dem Eliteregiment des Heeres »Großdeutschland« einen Angriff von Bulgarien durch Jugoslawien an und weiter nach Griechenland. Truppen der »Leibstandarte« durchpflügten nunmehr die dürftigen jugoslawischen Verteidigungsstellungen und manövrierten den Gegner so lange aus, bis dieser den Stützpunkt Monastir an der jugoslawisch-griechischen Grenze aufgab. Beim Klidi-Pass stieß die SS auf gut verschanzte britische und australische Truppen, die entschlossen waren, den Gebirgskamm über dem Pass um jeden Preis zu halten. Doch wieder stellten die SS-Soldaten ihre Entschlossenheit in einer Reihe erbitterter Gefechte unter Beweis, von denen einige brutale Nahkämpfe waren, bis die tapferen Verteidiger schließlich von ihren Stellungen vertrieben waren. Bis zum frühen Nachmittag des 13. April 1941 befand sich der Klidi-Pass in deutscher Hand.

Am nächsten Tag setzte die »Leibstandarte« ihren Vorstoß in Richtung Klisura-Pass fort.

In einem Wutanfall befahl Hitler der Wehrmacht, den Slawenstaat in einem Blitzkrieg mit gnadenloser Brutalität zu zerschlagen.

Im Gebiet um den Kastoria-Pass und Kastoria-See stieß ein SS-Bataillon auf eine griechische Division, deren Aufgabe die Sicherung der britischen linken Flanke war. Es entbrannten wilde Kämpfe mit griechischen Soldaten, die ihre starken Verteidigungsstellungen verbissen verteidigten. Unter dem Kommando von Kurt Meyer ließen sich die Männer der »Leibstandarte« vom Widerstand nicht abschrecken und kämpften hartnäckig weiter, bis sie die Verteidiger überwältigt hatten. Meyers Bataillon nahm die Schlüsselstadt Kastoria ein und machte 11.000 Gefangene. Für die Leistungen seiner Einheit wurde Meyer mit dem Ritterkreuz ausgezeichnet.

In den Tagen nach der Schlacht bei Kastoria setzten die Männer der »Leibstandarte« die Verfolgung von auf dem Rückzug befindlichen feindlichen Truppen fort, in deren Reihen Verwirrung und völlige Unordnung herrschte. Am 20. April 1941 hatte die SS den Metzovon-Pass eingenommen und damit das Schicksal von 16 Divisionen der griechischen Armee besiegelt. In den folgenden Tagen begann die »Leibstandarte« eine Verfolgungsjagd auf britische Truppen, die sich Richtung Süden entlang der ägäischen Küste nach Athen zurückzogen. Die SS-Einheiten waren entschlossen, die Reste der britischen Kräfte abzuschneiden, indem sie eine Abkürzung über das Pindus-Gebirge zur Landenge von Korinth bei Navpaktos nahmen. Zu ihrer Überraschung waren die Briten ihnen aber entkommen – sie waren bereits evakuiert worden. Kurt Meyer, der Kommandeur des Aufklärungsbataillons, ließ seine Männer schnell bei Navpaktos in Fischerboote steigen und schiffte die Vorauseinheit zum Peloponnes

Links: Eine Gruppe von Kradfahrern der Waffen-SS posiert neben einer Seitenwagenmaschine für die Kamera. Dieses am 6. April 1941 aufgenommene Foto zeigt Männer einer Kradfahrereinheit der »Leibstandarte SS Adolf Hitler«. Die »Leibstandarte« erhielt die Aufgabe, den deutschen Angriff von Bulgarien durch Südjugoslawien nach Griechenland anzuführen. Diese Einheit arbeitete eng mit der 9. Panzerdivision zusammen und hatte auf dem Vormarsch durch Jugoslawien Richtung Skopje vermutlich eine Aufklärungsrolle. Alle Soldaten tragen den wasserdichten Kradfahrermantel. Zwei haben ihren Mantel um die Beine geschlungen und mit Köpfen befestigt, um ein sichereres und leichteres Fahren zu ermöglichen. Die meisten Männer tragen das für Schützen übliche Koppel mit Kar 98k-Patronentaschen.

hinüber. Die restliche »Leibstandarte« setzte ihren Vormarsch auf der Westküstenstraße nach Pirgos fort, wo eine Kampfgruppe ein ganzes britisches Panzerregiment gefangen nahm. Meyers Aufklärungsbataillon unternahm eine Reihe von Säuberungsoperationen am Golf von Korinth und vereinigte sich mit dem 2. Fallschirmjäger-Regiment.
Am 27. April trafen deutsche Truppen schließlich in Athen ein, und vor Monatsende hatten die Deutschen die volle Kontrolle über das Land. Der Balkanfeldzug war für die SS nun zu Ende. Bevor die SS-Truppen in ihre Garnisonen in der Tschechoslowakei zurückverlegt wurden, um aufgefrischt und für den nächsten Feldzug vorbereitet zu werden, erhielten Einheiten der »Leibstandarte« den Befehl, an einer weiteren Siegesparade teilzunehmen – diesmal in Athen.
Gemessen an der Zeit und den überlegenen Kampftechniken der Waffen-SS, war der Feldzug auf dem Balkan ein großer Triumph gewesen. Diese Elitetruppe von Soldaten hatte wieder einmal mit Bravour und äußerstem Wagemut gekämpft und gegen heftigen Widerstand zäher Feinde den Sieg errungen.

Rechts: Gräber der Waffen-SS in Griechenland nach der erfolgreichen Invasion auf dem Balkan im April 1941. Das Fehlen von guten Bahn- und Straßenverbindungen und natürliche Hindernisse wie Hügel und Gebirgshänge behinderten zusammen mit dem Schlechtwetter den SS-Vormarsch beträchtlich. Das Gelände, darüber war sich jeder deutsche Taktiker im Klaren, war für jede Operation ein wesentlicher Faktor und hatte entscheidende Bedeutung für den Gesamterfolg der Kriegsstrategie der Wehrmacht. Bei der Planung des Balkanfeldzugs spielten natürliche Hindernisse für den deutschen Vormarsch eine große Rolle, denn das lang gestreckte Gebiet Jugoslawiens wies alle möglichen Geländeformen auf. In den Gebirgszügen des Balkans verloren viele SS-Männer ihr Leben, fanatischer Widerstand forderte weitere Opfer.

Links: Soldaten der SS-Division »Das Reich« vor ihrer Überstellung von Frankreich nach Temesvar in Südwestrumänien. Die Soldaten warten eine 3,7/cm-Pak 35/36, um sie für den Balkaneinsatz bereit zu machen. Die Pak 35/36 war die erste von der Waffen-SS verwendete Panzerabwehrkanone. Sie hatte sich zwar in Polen bewährt, doch 1940 an der Westfront stellten die Mannschaften bald fest, dass sie gegen schwere feindliche Panzer von begrenztem taktischem Wert war. Selbst zehn Monate später auf dem Balkan wurde den so dringend benötigten stärkeren Panzerabwehrkanonen keine Priorität eingeräumt. Erst als die Pak-Mannschaften der Waffen-SS an der Ostfront eintrafen, berücksichtigte man den steigenden Bedarf an stärkeren Panzerabwehrkanonen. Britische Matilda-Panzer und französische Char B waren schon schlimm genug gewesen, aber der Versuch, die massiven sowjetischen T-34 oder KV-1 mit einer solchen Waffe anzugreifen, die deren Panzerstahl nicht durchschlagen konnte, kam fast einem Selbstmord gleich.

Rechts: Zwei Kinder stehen vor einem mittleren Mercedes-Lastwagen. Auf der Nummerntafel steht SS-70712. Wie bei allen Nummerntafeln auf deutschen Militärfahrzeugen, kennzeichnete die vorangestellte Buchstabengruppe die Organisation, zu der das Fahrzeug gehörte: »WH« stand für Heer, »WK« für Kriegsmarine und »WL« für Luftwaffe. Die Sig-Runen auf diesem Fahrzeug gaben seine Zugehörigkeit zur Waffen-SS an. Das hier abgebildete Fahrzeug war vor seiner Verlegung auf den Balkan vorübergehend als Fahrschulwagen eingesetzt worden. Angesichts des gravierenden Mangels an Fahrzeugen bei den deutschen Streitkräften wurden viele zivile Lastwagen in die Divisionen von Wehrmacht und Waffen-SS eingegliedert, in dem verzweifelten Versuch, havarierte Fahrzeuge zu ersetzen und den Armee-Einheiten ihre volle Zuteilung zu gewähren.

Oben: Die Flak-Bedienung der »Leibstandarte« führt die 2-cm-Flak 38 in den Unterkünften von Vesoul in Frankreich vor, März 1941. Der Hauptzweck dieses Geschützes war es, ein tödliches Sperrfeuer aus Sprenggranaten gegen feindliche Flugzeuge zu richten, es war aber auch eine gefürchtete Waffe im Bodenkampf. Das erste SS-Flak-Bataillon wurde 1939 für die Invasion in Polen gebildet. 1940 erhielt die SS-Verfügungs-Division ein aus drei Kompanien bestehendes leichtes Flak-Bataillon, das mit 36 2-cm-Flak auf Halbketten-Zugmaschinen ausgerüstet war. Die hier gezeigte 2-cm-Flak ist auf einen umgebauten Anhänger montiert, der eigens für das Ziehen mit Halbketten- oder Räderfahrzeugen entworfen wurde. Bei Beginn des Balkanfeldzugs Anfang April 1941 erhöhte man die Anzahl der SS-Flak-Bataillone, und bis Monatsende gab es nicht weniger als 16 unabhängige Flak-Bataillone, die sich für den Einmarsch in Russland vorbereiteten.

Oben: Waffen-SS-Soldaten erweisen ihren Gefallenen die letzte Ehre. Die Kampfleistungen der SS überstiegen in den frühen Kriegsjahren alle Erwartungen, was wohl ihrer intensiven Ausbildung vor dem Krieg zuzuschreiben war. Die Verluste an der Front waren überraschend hoch. SS-Einheiten gingen auf dem Schlachtfeld gewöhnlich zu viele Risiken ein, und zahlreiche SS-Männer bezahlten für ihren Wagemut mit dem Leben. Wie Reichsführer SS Heinrich Himmler sagte, war ihr Leben für sie nur von Wert, solange sie damit dem Führer dienen konnten. Die SS-Männer »warfen ihr Leben wie eine Handgranate weg«, wann immer die Notwendigkeit oder auch die Möglichkeit bestand.

Rechts: Der mit einer Fahne bedeckte Sarg eines gefallenen SS-Kommandeurs wird von Angehörigen seiner Einheit bewacht. Das Motto der SS, »Meine Ehre heißt Treue«, bildete die Grundlage für alle Aktionen der Waffen-SS. Jeder SS-Mann schwor einen Eid, bedingungslos jeden Befehl des Führers oder eines Vorgesetzten auszuführen, egal welches Opfer damit verbunden war. Die Soldaten der Waffen-SS wurden darauf gedrillt, dass nichts unmöglich war. Es war einfach undenkbar, dem Führer zu sagen: Wir haben nichts mehr zu geben. Ein so bedingungsloser Gehorsam war der Grund für die Brutalität, die für die Waffen-SS so typisch war, denn ihre Angehörigen glaubten, dass was immer sie auf dem Schlachtfeld taten, die Mittel vollkommen rechtfertigte.

Links: Eine SS-Wache vor dem Grab eines gefallenen Kompaniekommandanten. Dahinter ist der drapierte Sarg mit einem Stahlhelm M35 zu sehen. Die Begräbnisse bei der SS waren genau auf die NS-Ideologie zugeschnitten. Alle Waffen-SS-Soldaten, die auf dem Schlachtfeld umkamen, wurden als Kriegshelden betrachtet. In den Augen des SS-Soldaten hatten jene, die im Kampf fielen, sich eigentlich im Namen des Führers geopfert. Auf Himmlers Bestehen war jedes Begräbnis eine Art nordisches Ritual, das sich stark auf die Mythologie einer arisch-nordischen Rasse stützte. Viele der verwendeten Rituale waren von den deutschen Romantikern des 19. Jahrhunderts erfunden und von den Nationalsozialisten übernommen worden.

Rechts: Ein Horch-Geländewagen von der Division »Das Reich« während des Balkanfeldzugs. Interessant ist das weiße taktische Zeichen auf dem linken Kotflügel. Die meisten deutschen Militärfahrzeuge trugen Symbole, die die Zugehörigkeit zur Einheit angaben. Diese taktischen Symbole waren Abwandlungen von deutschen Symbolen auf Militärkarten für verschiedene Waffen- und Fahrzeugtypen und wurden meist in weißer Farbe aufgemalt. Es wurden aber auch andere Farben verwendet. Einige Divisionen verwendeten Weiß, Rot, Gelb, Blau, Hellgrün und Dunkelgrün zur Kennzeichnung von Kompanien, Bataillonen oder Stabseinheiten innerhalb der Division. Dieses Fahrzeug trägt am linken Kotflügel einen Rotkreuzwimpel.

Links: Ein Scharfschütze sieht durch das Zielfernrohr seines Scharfschützengewehrs Kar 98k. Die meisten deutschen Scharfschützen verwendeten ein x4 oder x6-Visier, letzteres war auf eine Entfernung von bis zu 1000 m einstellbar. Etwa 20 Scharfschützen wurden jedem Bataillon zugeteilt, sechs blieben im Bataillonsstab, während andere einzelnen Kompanien zugewiesen wurden. Der Befehlshaber der Abteilung war verantwortlich für tägliche Beobachtungsberichte und Aufzeichnungen über Munitionsverbrauch und Treffer. Die Aufträge wurden im Allgemeinen auf Bataillonsebene vergeben, doch im späteren Kriegsverlauf, als die Zahl qualifizierter Scharfschützen zurückging, wurden mehr Zielbefehle direkt vom Divisionsstab gegeben. In den meisten Infanteriekompanien wurden zusätzlich mehrere Waffen mit Zielfernrohren ausgerüstet.

Rechts: Verlegung von der Bahn auf die Straße auf dem Weg zum Balkan, April 1941. Diese Soldaten von der Division »Das Reich« laden bei Temesvar in Rumänien wichtige Ausrüstung von Güterwagen ab – sie sind bereit für den langen und anstrengenden Anmarsch auf der Straße. Diese SS-Einheit war bereits seit einer Woche unterwegs, sie hatte die weite Zugfahrt von Südfrankreich nach Westrumänien machen müssen. Für die meisten SS-Männer war der Weg von Temesvar nach Belgrad größtenteils ein ermüdender Fußmarsch. Aufklärungseinheiten mit Krädern und Panzerfahrzeugen erkundeten vor dem Gros das Gebiet, um eine zugängliche Route über die Donau zu finden und damit für einen schnellstmöglichen Vormarsch des Korps zu sorgen.

Rechts: Eine Gruppe von Waffen-SS-Soldaten bereitet sich darauf vor, ihrem gefallenen Kompaniekommandanten die letzte Ehre zu erweisen. Die Kränze haben schwarze Trauerschleifen, auf denen der Regimentsname steht; am unteren Ende der Bänder sind die SS-Runen zu sehen. Wenn der Sarg zur letzten Ruhe gebettet wurde, war es nicht ungewöhnlich, dass große SS-Runen die ausgebreitete Hakenkreuzfahne überdeckten. In der Schlacht zu sterben, wurde als etwas Heldenhaftes angesehen, und die Gräber der Waffen-SS wurden von den Männern, die sie ehrten, als Heiligtum betrachtet – geadelt von den Gefallenen, die ihr eigenes Blut im Namen des Führers vergossen hatten. Aus diesem Grund vertrat man die Ansicht, dass ein Grab niemals vergessen werden durfte. Das war ein wichtiger Teil des Rituals bei der Waffen-SS.

Oben: Soldaten der »Leibstandarte« posieren für die Kamera mit Wehrmachtssoldaten von der 9. Panzerdivision während ihres Vorstoßes auf den Klidi-Pass am 11. April. Wegen der Kälte tragen alle Soldaten den feldgrauen Einheitsmantel des Heeres. Unter dem Schutz eines schweren systematischen Sperrfeuers gegen die britischen Stellungen auf dem Klidi-Pass durchbrach die 9. Panzerdivision die feindlichen Linien, während Männer der »Leibstandarte« Mann gegen Mann kämpften in dem Versuch, die Truppen Großbritanniens und des Empire aus ihren Stellungen zu vertreiben. In wilden Kämpfen versuchte die Waffen-SS die Hügel feindfrei zu bekommen. Am 12. April war der Klidi-Pass dann in deutscher Hand, gleichzeitig waren in dieser Zermürbungsschlacht 600 Gefangene gemacht worden. Die Mehrheit der Gefangenen stammte vom australischen 2./4. Bataillon, es waren die ersten Truppen des Empire, mit denen die »Leibstandarte« in Berührung gekommen war. Am folgenden Tag stießen Soldaten der »Leibstandarte« dann weiter in Richtung Klisura-Pass. In deutlichem Gegensatz zu ihrem Ruf auf anderen Kriegsschauplätzen wurden die SS-Einheiten in Griechenland als harte, aber faire Gegner betrachtet.

Rechts: Eine gestellte Aufnahme von einer Soldatengruppe der Division »Das Reich« in Aktion mit ihren Karabinern 98k. Das Foto wurde in der Eröffnungsphase des Unternehmens »Marita« aufgenommen – das war der Deckname für die deutsche Invasion auf dem Balkan. Panzer- und Infanteriekolonnen stießen in gewohnter Blitzkriegtaktik von Norden, Süden und Südosten durch Jugoslawien. Im Norden rollte die Division »Das Reich« in vollem Tempo auf Belgrad zu. Hektische Bemühungen, die eine Million Mann starke jugoslawische Armee zu mobilisieren, konnten nicht rechtzeitig abgeschlossen werden. Zagreb fiel am 10. April nach einem gemeinsamen Angriff von Panzereinheiten und Truppen der Division »Das Reich«. Nur drei Tage später ergab sich Belgrad einer SS-Sturmgruppe vom Aufklärungsbataillon der Division »Das Reich«.

Oben: Ein Offizier der »Leibstandarte« prüft ein russisches Gewehr, das von einem jugoslawischen Zivilisten während des Balkanfeldzugs erbeutet wurde. Der SS-Mann trägt den Ringkragen der Feldgendarmerie und eine Offiziersfeldmütze mit dem Totenkopfsymbol. Am Morgen des 9. April 1941 hatte sich die »Leibstandarte«, die nun den Vormarsch des Korps anführte, schließlich mit den Italienern vereinigt. Der Vorstoß durch Jugoslawien war so erfolgreich gewesen, dass seit Beginn des Feldzugs die »Leibstandarte« nur fünf Verluste erlitten hatte, und diese waren Verwundete. Aber am 10. April erhielt die »Leibstandarte« den Befehl, den Klidi-Pass – das Tor nach Griechenland – zu öffnen. Britische und australische Truppen in gesicherten Stellungen ließen nun härtere Zeiten erwarten.

Oben: Eine Kradeinheit der Division »Leibstandarte« auf schneller Fahrt nach Süden durch Griechenland nach umfassenden Gefechten beim Kastoria-See. Der Vormarsch der »Leibstandarte« wurde entlang der Servia weitergeführt, doch Regenfälle und zerstörte Straßen behinderten ihren Vorstoß in einem solchen Ausmaß, dass neue Befehle ausgegeben wurden. Am 19. April wurde die Division nach Südwesten von Gravena nach Ioannina umgeleitet, um griechische Einheiten, die die Linie hielten, abzuschneiden. Einheiten der »Leibstandarte« setzten dann ihren Vormarsch mit dem für eine SS-Eliteformation typischen Elan und der militärischen Bravour fort und nahmen den Metzovon-Pass ein. Dabei isolierten sie die griechischen Einheiten, die die Stellungen an der Westseite des Pindus-Gebirges hielten. Innerhalb von Stunden zerbrachen die griechischen Kräfte unter dem Druck der SS, sodass die griechischen Befehlshaber gezwungen waren, am 21. April um einen Waffenstillstand zu ersuchen. Der einzige organisierte Widerstand, den es in Griechenland noch gab, kam von Truppen Großbritanniens und des Empire. Doch auch diese wurden bald zum Rückzug gezwungen, als Einheiten der »Leibstandarte« 290 km über das Pindus-Gebirge zum Golf von Korinth vorrückten, wo sie allerdings feststellen mussten, dass die britischen Kräfte ihnen durch eine Evakuierungsaktion entkommen waren. Ungeachtet dieses Rückschlags beschlagnahmte das Aufklärungsbataillon der »Leibstandarte« Fischerboote, richtete bei Navpaktos einen Fährdienst ein und setzte den gesamten SS-Vormarsch übers Wasser fort. Die »Leibstandarte« rückte dann auf der Westküstenstraße nach Pirgos vor, wo eine Kampfgruppe ein britisches Panzerregiment gefangen nahm.

Links: Deutsche Offiziere betrachten die letzten Entwicklungen im Balkanfeldzug. Obwohl die jugoslawische Armee schwach und mangelhaft ausgerüstet war und nur symbolischen Widerstand leisten konnte, wurden die deutschen Pläne vom nassen Frühlingswetter durchkreuzt, das die Straßen in einen Morast verwandelte, und den Aufmarsch sehr schwierig machte. Sowohl Wehrmachts- als auch Waffen-SS-Verbände wurden permanent aufgehalten, weil ein schnelles Vorankommen mit Räderfahrzeugen so gut wie unmöglich wurde. Auf ihrem Wettlauf zur jugoslawischen Hauptstadt kam die Division »Das Reich« oft nur noch im Schneckentempo voran, da die Fahrzeuge der Eliteformation ständig im Schlamm stecken blieben. Wie schlimm der Schlamm auf dem Balkan auch erschienen sein mag, er war nicht zu vergleichen mit den fürchterlichen Bedingungen, auf die die deutschen Truppen sechs Monate später in Russland trafen. Nicht dass die Truppen, die blieben, es irgendwie leichter gehabt hätten: Die jugoslawische Armee mag vielleicht besiegt worden sein, aber Partisanengruppen schossen überall wie Pilze aus dem Boden, und der Balkan wurde zum Schauplatz eines der brutalsten Guerillakriege in der Geschichte.

Rechts: Ein SS-Standartenführer inspiziert irgendwo auf dem Balkan einen jugoslawischen Schützengraben, April 1941. Er trägt die »SS-Feldmütze für Führer neuer Art«, die laut Befehl im Dezember 1939 eingeführt wurde, um die SS-Offiziere mit einer weichen Mütze zur Felduniform auszustatten für Bedingungen, unter denen der Stahlhelm nicht erforderlich war. Wurde doch der Helm aufgesetzt, ließ sich die Feldmütze leicht verstauen. Standartenführer und höhere Ränge trugen nicht wie alle anderen Ränge die SS-Runen auf dem Kragenspiegel. Stattdessen wurden auf beiden Seiten die Rangabzeichen getragen, die sich aus einem, zwei oder drei gestickten silbernen Eichenblättern und weißen »Metallsternen« zusammensetzten.

Links: Wachen der SS-Division »Das Reich« im besetzten Belgrad. Während des Vorstoßes auf die Stadt hatte es ein Wettrennen zwischen der Division »Das Reich« und dem Eliteregiment »Großdeutschland« des Heeres zur Hauptstadt gegeben. Viele Zufahrtsstraßen in die Stadt waren blockiert. Das hinderte den Kommandeur der Aufklärungseinheit der Division »Das Reich«, SS-Hauptsturmführer Klingenberg, jedoch nicht an einer gewagten Aktion. Mit Hilfe eines erbeuteten jugoslawischen Motorboots führte er eine kleine SS-Sturmgruppe über die Donau in die Belgrader Vorstadt. Unter dem Vorwand, nur die Vorhut einer viel größeren Truppe zu sein, riss Klingenberg die Kontrolle über einige Regierungsgebäude an sich und brachte den Bürgermeister von Belgrad dazu, die Stadt zu übergeben. Als die 11. Panzerdivision in der Hauptstadt eintraf, musste sie voller Verwunderung feststellen, dass sie unter der Militärkontrolle von nur etwa einem Dutzend SS-Soldaten stand. Nach der Kapitulation von Belgrad schritt die Auflösung der jugoslawischen Armee schnell voran.

Oben: Ein Konvoi von Halbkettenfahrzeugen der Waffen-SS auf einer griechischen Straße, Mitte April 1941. Die Halbkettenfahrzeuge ziehen 15-cm-sFH. Die Haubitzen werden zweilastig transportiert. Das Rohr mit der Wiege ist in untere Stellung gebracht, fast bis auf die Hinterachse, und gerade so weit zurückgezogen, dass sich der Schwerpunkt innerhalb der Lafette befindet. Der Transport in zwei Lasten war immer eine schwierige und zeitaufwändige Prozedur. Der Feldgendarm gibt mit einer Signalkelle, die ähnlich wie Flaggen eingesetzt wurde und bei Funkstille zur Regelung des Verkehrs diente, den Fahrern Zeichen. Die Feldgendarmerie war eine Militäreinheit mit polizeilichen Vollmachten und war Teil der Wehrmacht und Waffen-SS im Feld. Auf dem Vormarsch folgte die Feldgendarmerie dicht hinter den Kampftruppen, stellte militärische und zivile Schilder auf, regelte den Verkehr, bewachte Kriegsbeute, fasste Flüchtlinge zusammen, nahm feindliche Nachzügler und Terroristen hoch. Bei der Division »Das Reich« hatten sie auch andere Aufgaben, darunter die Suche nach Deserteuren und die Regelung des Militärverkehrs.

Oben: Ein MG-Schütze der Waffen-SS beim Zielen mit einem Zwillings-MG 34 auf einer Flak-Lafette. Die gedämpfte, speziell adaptierte Lafette verlieh dem Zwillingsgewehr für Dauerfeuer genügend Stabilität für eine Reichweite von bis zu 2000 m. Zur wirksamen Fliegerabwehr wurde ein Kreiskornvisier montiert. Das MG 34 war eine äußerst effektive Waffe mit einer enormen Dauerfeuergeschwindigkeit von bis zu 800/900 Schuss pro Minute. Diese Waffe war durchaus in der Lage, ein tief fliegendes oder angreifendes Flugzeug zu durchlöchern oder sogar herunterzuholen. Es war das erste wirkliche Mehrzweck-MG, das für Dauerfeuer ebenso wie als Infanteriewaffe eingesetzt werden konnte.

Rechts: Ein Granatwerfertrupp der »Leibstandarte« im Einsatz in Griechenland mit einem 5-cm-leGW 36 (leichter Granatwerfer). Dieser hatte ein Kaliber von 5 cm und wog 14 kg. Die Mündungsgeschwindigkeit betrug 75 m/s, gefeuert wurden 0,9-kg-Ladungen auf eine maximale Reichweite von 520 m. Der leGW 36 wurde bis zur Produktionseinstellung 1941 von der Waffen-SS eingesetzt – die Waffe war zu komplex, zu teuer und es fehlte an ausreichender Schlagkraft gegen feindliche Stellungen. Als dieses Foto aufgenommen wurde, hatte die »Leibstandarte« bereits Pirgos erreicht. Dort nahmen die SS-Truppen Männer des 3. Royal Tank Regiment gefangen. Danach unternahm eine Einheit des Aufklärungsbataillons eine Säuberungsaktion an der Südküste des Golfs von Korinth und stellte die Verbindung zum 2. Fallschirmjäger-Regiment her, das in erbitterte Kämpfe mit den Briten am Kanal von Korinth verwickelt gewesen war.

Oben: Die Mannschaft einer sFH 18 bereitet sich darauf vor, in Griechenland das Feuer auf britische Stellungen zu eröffnen. Das Geschütz ist nicht eingegraben und gegen Abwehrfeuer geschützt worden, was darauf hinweist, dass es im unmittelbaren Gebiet wenig oder keine feindliche Artillerie gibt. Diese Haubitze konnte acht verschiedene Treibladungen verschießen, die maximale Reichweite betrug 13.250 m. Wie die meisten deutschen Artilleriegeschütze war die Haubitze für ihre Größe sehr schwer. Dieser Koloss ließ sich nur schwer manövrieren, war aber dennoch sehr wirksam gegen befestigte feindliche Stellungen. Durch die hohe Mündungsgeschwindigkeit und schweren Granaten war diese Waffe absolut tödlich. Gut zu sehen sind die untergelegten Matten, die ein Einsinken der Räder verhindern sollten.

Rechts: Eine Aufklärungseinheit der Division »Das Reich« geht hinter einem Hügel in Deckung, Balkanfeldzug April 1941. Zwei Soldaten berechnen mit Hilfe eines Scherenfernrohrs die Entfernung zum Feind. Scherenfernrohre ermöglichten den Männern, über den Rand eines Schützengrabens hinaus den Feind zu beobachten, ohne Angst davor haben zu müssen, von feindlichem Feuer getroffen zu werden. Weil die Linsen weiter auseinander waren als die menschlichen Augen, ließen sich die Entfernungen mit viel größerer Präzision bestimmen.

Rechts: Aus einem Schützengraben überschauen Soldaten der Waffen-SS feindliche Stellungen auf dem Balkan. Die Männer links und rechts tragen Waffenrock und Hosen M37 unter einem frühen Modell der Tarnjacke im »SS-Platanenmuster«, die Sommerseite ist nach außen gewendet. Die Muster waren auf einer Seite in sommerlichen Grüntönen und hellen, mittleren und dunklen Braunschattierungen gehalten, auf der anderen Seite waren es helle, mittlere und dunkle herbstliche Brauntöne. Die deutschen Hersteller waren weltweit führend in der Produktion unterschiedlichster Kleidung mit Tarndruckmuster. Ab 1941 wurden alle Angehörigen der Waffen-SS-Divisionen damit ausgerüstet. In den Kriegsjahren wurden die Waffenröcke standardisiert und für die Waffen-SS in Fabriken erzeugt, die vom Wirtschafts- und Verwaltungshauptamt (SS-WVHA) betrieben wurden. Sämtliche Uniformen der Waffen-SS liefen über Verteilungszentren wie dem Konzentrationslager Buchenwald und trugen auf der Innenseite den düsteren Stempel »SS.BW«.

Oben: Eine Gruppe von Waffen-SS-Soldaten posiert mit einem erbeuteten Artilleriegeschütz für die Kamera. Die Soldaten tragen alle die SS-Einheitsfeldmütze, einige von ihnen sind mit Tarnjacken ausgerüstet. Diese Jacken waren eigens für das Tragen über der Feldausrüstung entworfen. Die erste Tarnjacke verfügte über seitliche Eingriffe, um zu den Patronentaschen zu gelangen, der Gummizug befand sich weiter unten, damit er fest über die am Koppel befestigte Ausrüstung gezogen werden konnte. Bei den Tarnjacken dieser Soldaten handelt es sich um das Modell von 1940 mit nach außen gewendeter Frühlings/Sommer-Seite. Sie waren vorne bis zur Taille zu schnüren, hatten locker geschnittene Ärmel und über dem Brustkorb zwei senkrechte Öffnungen mit Deckklappen. An Taille und Handgelenken sorgte ein Gummizug für bessere Passform. Zwei große Öffnungen an beiden Seiten der Tarnjacke sollten den Soldaten Zugriff zur Munition ermöglichen.

Oben: Ein Soldat der Waffen-SS beobachtet aus einem Graben feindliche Stellungen mit Hilfe eines Sehrohrs. Ungewöhnlich ist, dass der SS-Mann die »Herbstseite« seiner Tarnjacke außen trägt, vermutlich um in der felsigen Umgebung eine bessere Tarnung zu haben. Sein Helmtarnüberzug zeigt das »SS-Eichenlaubmuster«. Das Bajonett für seinen Karabiner 98k sowie Patronentaschen hängen am Koppel. Sie ist auf diesem Foto zwar nicht zu sehen, aber die typische Feldausrüstung eines Soldaten bestand aus einem Tragegestell aus Gewebe, das am Koppel festgehakt wurde und als Packhilfe für das Sturmgepäck diente. An einem A-förmigen Riemen wurden Kochgeschirr, Gasmaskenbüchse mit Gasplane, persönliche Ausrüstung, eiserne Ration und eine gerollte Zeltbahn befestigt. Am Gürtel hingen Brotbeutel, Wasserflasche und Schanzzeug. Höchstwahrscheinlich trägt er Marschstiefel, die durch eine improvisierte Hülle aus Leinwand geschützt sind.

Links: Ein Offizier im Rang eines SS-Standartenführers, nachdem er für seine Tapferkeit im Feld mit dem Eisernen Kreuz I. Klasse ausgezeichnet wurde. An seinem Offiziersrock sind einige Orden zu sehen, darunter das Eiserne Kreuz II. Klasse, das Infanterie-Sturmabzeichen, das Verwundetenabzeichen in Silber und das Deutsche Kreuz, ein metallener Orden, der die Lücke zwischen Eisernem Kreuz I. Klasse und dem Ritterkreuz füllte. Auf dem Feld bevorzugten viele Offiziere die Stoffversion des Deutschen Kreuzes, da sie leichter war und man damit nicht so leicht hängen blieb. Sein Waffenrock ist ein Modell aus der Zeit vor dem Krieg aus sehr edlem feldgrauem Wollstoff mit Brusttaschen mit Quetschfalte. Er trägt die standardmäßige Offiziersschirmmütze mit dem Hoheitsadler und Hakenkreuz im SS-Stil sowie dem SS-Totenkopfzeichen. Sowohl Hakenkreuz als auch Hoheitsadler sind aus versilbertem Stahl. Im späteren Kriegsverlauf wurden billigere Versionen aus Aluminium hergestellt.

Rechts: Drei Offiziere lassen sich nach der Auszeichnung ihres Kameraden (Bildmitte) mit dem Eisernen Kreuz I. Klasse fotografieren. Der SS-Untersturmführer rechts trägt das Eiserne Kreuz II. Klasse an der linken Brusttasche. Er besitzt noch eine Reihe anderer Auszeichnungen, darunter das Sturmabzeichen und das Deutsche Kreuz. Er trägt die standardmäßige Offiziersschirmmütze. Der gerade ausgezeichnete SS-Sturmbannführer trägt das Eiserne Kreuz II. Klasse, ein Sturmabzeichen und das Deutsche Kreuz. Seine Offiziersschirmmütze ist ein älteres Modell, das 1938 eingeführt wurde. Der SS-Obersturmführer zu seiner Rechten trägt das Eiserne Kreuz II. Klasse und das Deutsche Kreuz. Er trägt die SS-Feldmütze.

Links: Zwei Soldaten der Waffen-SS ziehen nach schweren Regenfällen auf dem Balkan ein erschöpftes Pferd durchs Wasser. Die Truppenbewegungen wurden im April 1941 durch Schlamm ernsthaft behindert. Er beeinträchtigte die Bewegung im Gelände, besonders in den Gebieten, wo man auf heftigen feindlichen Widerstand traf. Je näher die Truppen der Waffen-SS an die Kampfzone kamen, desto schlimmer wurde es mit dem Schlamm, denn durch die Fahrzeuge, vor allem Kettenfahrzeuge, wurde das Gelände aufgewühlt und in einen Sumpf verwandelt. Wenn der Boden nicht sumpfig war, dann bestand er aus lockerem Sand, auf dem besonders die Fahrer der Pferdewagen die Lastwagenspuren meiden mussten, denn sonst blieben sie garantiert stecken. Die auf dem Balkan gemachten Erfahrungen waren mit jenen an der Ostfront vergleichbar. Doch im Gegensatz zu Russland wurde der Balkan schnell erobert und der Schlamm war kein unüberwindliches Problem, denn der Gegner war schwach und auf einen Krieg nicht vorbereitet.

Oben: Ein SS-Gruppenführer und Träger des hochgeschätzten Ritterkreuzes bei einem Gespräch mit einem gerade ausgezeichneten Kameraden. Beide Männer sind hoch dekoriert und tragen das Eiserne Kreuz I. Klasse sowie einige andere Auszeichnungen. Ein Kommandeur, der auf dem Balkan zu einiger Berühmtheit gelangt war, war SS-Hauptsturmführer Fritz Klingenberg, der für die Einnahme von Belgrad verantwortlich war. Man verlieh ihm das Ritterkreuz des Eisernen Kreuzes und er wurde zu einer Berühmtheit im Dritten Reich. Bald begeisterte er seine Zuhörer mit Radioberichten über die dramatischen Ereignisse, die er und seine kleine SS-Sturmgruppe auf dem Weg zur Einnahme der jugoslawischen Hauptstadt erlebten. Auch für die restliche Kriegsdauer war Klingenbergs Stern im Steigen begriffen, und nachdem er sich an der Ostfront auszeichnete, wurde er schließlich zum Befehlshaber der 17. Panzergrenadier-Division »Götz von Berlichingen« ernannt. Doch sein hoher Rang und die vielen Orden, die man ihm für seine Tapferkeit verliehen hatte und die ihn zu einem der berühmtesten Waffen-SS-Kommandeure machte, machten ihn nicht unverwundbar. Er fiel bei Herxheim in der Pfalz 1945.

Rechts: Ein Fotograf der Propagandakompanie der Waffen-SS posiert für die Kamera. Dieses Foto wurde am 10. April 1941 bei Belgrad aufgenommen und lässt vermuten, dass dieser Mann einer der offiziellen Fotografen war, die die SS-Division »Das Reich« auf ihrem Vormarsch von der rumänischen Grenze nach Jugoslawien und weiter nach Belgrad begleiteten. Diese SS-Elitedivision war Teil des XLI. Panzerkorps unter dem Befehl von General Georg-Hans Reinhardt und war am Vorstoß auf Belgrad beteiligt. Der Vormarsch wurde vom schlammigen Boden stark behindert, doch der Divisionskommandeur, SS-Obergruppenführer Paul »Papa« Hausser, war überzeugt, dass seine Truppen es vor den Heerestruppen nach Belgrad schaffen könnten. Aus diesem Grund bestand Hausser darauf, auf dem Vormarsch durch Jugoslawien von einem Fotografen begleitet zu werden, um diesen für ihn »historischen Augenblick auf dem Kreuzzug seiner Division« festzuhalten. Haussers Glaube war berechtigt: Am 11. April hatten die ersten Soldaten der Division »Das Reich« sich über die Donau gekämpft.

Oben: Truppen der »Leibstandarte« waten in einem Fluss in Griechenland. Dieses Foto wurde während der späteren Phase des Griechenlandfeldzugs aufgenommen, als die »Leibstandarte« die Stellungen von Truppen aus Griechenland und dem Commonwealth durchbrochen hatte. Am 27. April trafen deutsche Truppen in Athen ein und nur drei Tage später stand das gesamte Land unter ihrer Kontrolle. Insgesamt waren 223.000 Griechen und 21.900 Briten gefangen genommen worden. Die deutschen Verluste beliefen sich für den gesamten Balkanfeldzug auf 2559 Tote, 5820 Verwundete und 3169 Vermisste. Wie schon ein Jahr zuvor in Paris erhielt die »Leibstandarte« wieder Befehl, sich an der Siegesparade zu beteiligen, die diesmal in Athen stattfand.

Oben: Zwei Kommandeure beobachten von einem Unterstand die Aufstellung ihrer Truppen fürs Gefecht. Der Mann links ist ein SS-Brigadeführer (allerdings in der Uniform eines Polizeigenerals) und sein Kamerad ein SS-Untersturmführer. Obwohl der Balkanfeldzug eine große Zurschaustellung militärischer Macht gewesen war und durch die Blitzkriegtaktik ein weiterer schneller Sieg errungen wurde, verschob man die deutsche Invasion in Russland und nahm damit den deutschen Kräften fast die Hälfte der besten Jahreszeit für einen Ostfeldzug. Die Moral unter den Wehrmachts- und Waffen-SS-Einheiten war dennoch hoch, und im Krieg gegen die Sowjetunion schien ein weiterer schneller Sieg sicher. Himmlers Waffen-SS hatte bewiesen, dass trotz Regens und Schlamms und des ungünstigen Geländes der Krieg in Südeuropa fast ein lockerer Sieg gewesen war. Nichts, so schien es, konnte diese Elitesoldaten davon abhalten, von einem Sieg zum nächsten zu eilen. Sie waren jetzt begeistert von dem Gedanken, gegen die Rote Armee in den Kampf zu ziehen.

Links: Ein Pz.Kpfw. III wird nach dem Sieg über die jugoslawische Armee im April 1941 einer Generalüberholung Feld unterzogen. Bis zum Balkanfeldzug verließ sich die Waffen-SS bei der Panzerunterstützung auf die Wehrmacht, doch bis zum Überfall auf die Sowjetunion im Juni 1941 hatte die »Leibstandarte« neben ihrem Divisionsstatus auch eine neue Panzerabteilung erworben. Der Panzer III war als deutscher Hauptkampfpanzer vorgesehen, konnte es aber trotz des gelungenen Entwurfs nicht mit den russischen Panzern aufnehmen, auf die er in den kommenden Monaten treffen sollte. Es gab aber die Möglichkeit, ihn nachzurüsten, und so blieb er weiterhin als Frontwaffe bis zur Schlacht um Kursk im Sommer 1943 im Einsatz.

RÜCKZUGS-GEFECHTE IN ITALIEN

Nach dem Sieg über die deutschen Armeen in Nordafrika und auf Sizilien im August 1943 verteidigten jene Einheiten, die entkommen waren, das italienische Festland.

Einen Monat später, im September 1943, landeten die Alliierten in Salerno, und anglo-amerikanische Kräfte stießen langsam Richtung Norden auf die sich zurückziehende Wehrmacht vor. Die deutschen Kräfte führten aber eine Reihe erfolgreicher Rückzugsgefechte, die dem Gegner massive Verluste zufügten. Beteiligt daran war unter anderem die »Leibstandarte SS Adolf Hitler«, die inzwischen zu einer vollen Panzerdivision ausgebaut worden war und im Juli 1943 vom Schlachtfeld bei Kursk überstellt worden war. Ihre Ausrüstung und Panzer hatte sie in Russland zurückgelassen. Eine ihrer ersten Aufgaben nach ihrer Ankunft in Italien war die Entwaffnung von Einheiten der italienischen Armee nach dem Sturz von Mussolinis Regierung im September 1943. Die Division war außerdem an umfassenden Operationen gegen Partisanen beteiligt, bevor sie im Herbst wieder an die Ostfront zurückkehrte.
Der Rückzug in Italien hatte sich zu einem aufreibenden Zermürbungskrieg entwickelt, den die Alli-

Links: Soldaten der Waffen-SS bei einer Rast nach ihrer Verlegung von der Ostfront 1943. Nach der italienischen Kapitulation im Juli 1943 ordnete Hitler die Überstellung des SS-Panzerkorps nach Italien an. Die Elitedivisionen der Waffen-SS mussten im weiteren Kriegsverlauf immer mit einer raschen Verlegung rechnen, weil der Führer sie als »Krisenfeuerwehr« in besonders brenzligen Situationen einsetzte.

ierten durch ihre amphibische Landungsoperation südlich von Rom bei Anzio zu verkürzen hofften. Eine neue Waffen-SS-Division, die 16. Panzergrenadier-Division »Reichsführer SS«, stellte zur Verstärkung der 14. Armee im Landekopf mehrere Kampfgruppen. Der Kommandeur der neuen Division war SS-Brigadeführer Max Simon, ein ehemaliger Regimentskommandeur in Theodor Eickes Division »Totenkopf«. Als die Alliierten bei Anzio landeten, befand sich die neue SS-Division noch in Aufstellung, und so mussten Teile davon erst schnell zur Front gebracht werden.
Aber auch italienische Freiwillige schlossen sich den Verbänden der Waffen-SS an, um die vorrückenden Anglo-Amerikaner aufzuhalten. Ein solcher Verband, der neben der Division »Reichsführer SS« im Raum des Landekopfs Anzio/Nettuno diente, war eine italienische SS-Legion. Sie wurde schließlich als 29. Waffen-Grenadier-Division der SS bekannt und kam vorwiegend im Gebiet der Poebene gegen kommunistische Partisanen zum Einsatz. Auch die 24. SS-Gebirgs-Division »Karstjäger« bestand zum Teil aus italienischen Freiwilligen. Sie waren Elitegebirgsjäger, die die meiste Zeit entlang der Adriaküste, in den Alpen und den Dolomiten gegen Partisanen kämpften.
Italiens Gebirgsrücken bot endlose Verteidigungsmöglichkeiten, und die Deutschen verstärkten diesen natürlichen Vorteil durch die Eingliederung von Geschützstellungen aus massivem Beton und Panzertürmen in ihre Verteidigungslinie, die sich über die italienische Halbinsel erstreckte. Die deutschen Verteidigungslinien waren beinah undurchdringbar, sodass die angreifenden alliierten Armeen trotz ihrer zahlenmäßigen Überlegenheit in verlustreiche Gefechte verwickelt wurden, die sich manchmal über Wochen oder sogar Monate hinzogen. In Italien stellte die alliierte Luftüberlegenheit nicht eine so große Bedrohung dar wie auf anderen Kriegsschauplätzen. Dank ihrer Stellungen auf und hinter steilen und felsigen Hängen gab es für die Soldaten von Wehrmacht und Waffen-SS wenig Bedarf, zu manövrieren. Die Alliierten besaßen zweifellos die materielle Überlegenheit, stießen aber auf einen äußerst geschickten Gegner, der nichts zu verlieren und viel zu gewinnen hatte, wenn er die Stellung hielt und sozusagen bis zur letzten Kugel kämpfte, bevor er sich auf eine neue Verteidigungslinie zurückzog, wo dann alles wieder von vorne begann.
Die Kämpfe in Italien erwiesen sich für beide Seiten als äußerst verlustreich. Auch im Land der Sonne konnte es im Gebirge kalt und nass werden. Das Winterwetter stellte für beide Seiten eine permanente Behinderung dar und erforderte immer wieder Kampfpausen. Das Wetter beeinträchtigte den Angreifer stärker als den Verteidiger, wodurch die Initiative auf die Deutschen in ihren gut ausgebauten Verteidigungsstellungen überging. Das ganze Jahr 1944 führten die Deutschen auf ihrem langsamen Rückzug in den Norden erfolgreiche hinhaltende Gefechte.

Innerhalb von zehn Tagen liquidierten die Soldaten der SS-Panzergrenadier-Division über 360 Italiener unter dem Vorwand, sie wären Partisanen.

Abgesehen von der ersten Reaktion auf die Landungen der Alliierten spielten die Angehörigen der Waffen-SS im konventionellen Krieg in Italien nur eine untergeordnete Rolle. Am Partisanenkrieg waren sie aber sehr wohl beteiligt, und ihre Brutalität hinterließ ihre Spuren bei der italienischen Zivilbevölkerung. Berichte über grausame Verbrechen, die von der Waffen-SS an Zivilisten begangen wurden, häuften sich. Es war vorauszusehen, dass der Großteil der deutschen Vergeltungsmaßnahmen sich gegen jene richtete, die verdächtigt wurden, mit Partisanen zu kollaborieren oder Guerillaaktionen gegen deutsche Einheiten durchzuführen. Zur Abschreckung zerstörten die Soldaten der Waffen-SS hin und wieder ganze Dörfer oder Städte. Die italienische Bevölkerung war durch die deutschen Vergeltungsmaßnahmen schon dermaßen in Angst und Schrecken versetzt, dass beim Einmarsch der Alliierten in Rom am 4. Juni 1944 die Menschenmengen ausblieben, weil man einen letzten Schlag der abziehenden Deutschen fürchtete.
Auch nach dem Verlust Roms gingen die blutigen Kämpfe in Italien weiter. Die Deutschen befanden sich zwar auf dem Rückzug, bauten aber weiterhin Verteidigungslinien auf. Die Alliierten mussten sich durch die Viterbo-Linie und die Trasimene-Linie kämpfen, bevor sie Anfang August 1944 die

Oben: Nach der Landung britischer und amerikanischer Kräfte südlich von Rom bei Anzio nimmt eine Flak-Mannschaft der Waffen-SS mit ihrer 8,8-cm-Flak alliierte Stellungen unter Beschuss. Gut zu sehen sind die Ringe am Kanonenrohr, die die »Treffer« markieren sollen. Es gab verschiedene Methoden: entweder Ringe auf dem Rohr oder die Silhouetten bzw. Symbole der zerstörten Ziele. Einige Einheiten, vor allem jene der Waffen-SS, malten Ziele oder Operationsgebiete wie Panzer, Flugzeuge, Ostfront, Westfront auf. Auf größeren Waffen wie dieser 8,8-cm-Flak versahen die Mannschaften diese auch noch mit Datum und Typ des zerstörten Ziels. Einige Kanonen waren jahrelang im Einsatz und erzielten viele Treffer. Oft gab es schon so viele Ringe am Rohr, dass es schwierig war, sie zu zählen oder weitere hinzuzufügen.

deutsche Hauptverteidigungslinie in Norditalien erreichten, die Gothen-Linie.

Trotz der Gebietsverluste war der Rückzug in Italien für die deutschen Kriegsanstrengungen eigentlich strategisch günstig, weil dadurch große alliierte Kräfte festgenagelt wurden, die entlang der Gothen-Linie von zu allem entschlossenen Truppen hingehalten wurden. Weihnachten 1944 hielten die Deutschen immer noch die Linie. Die Verluste auf alliierter Seite brachten zusammen mit dem Gelände und dem Winterwetter den Kampf wieder zum Stillstand.

Kein anderer Feldzug im Westen war für die alliierte Infanterie so verlustreich wie jener in Italien. Den meisten deutschen Soldaten war bewusst, dass der Feind »nur noch in Armeslänge« von der Südgrenze des Reiches entfernt stand, und sie verteidigten sich daher umso entschlossener. Das Gewicht der Alliierten zeigte aber dennoch Wirkung. Langsam und systematisch wurden die Deutschen aus ihren Stellungen vertrieben. Mit der rapiden Verschlechterung der militärischen und politischen Situation Deutschlands Anfang 1945 gerieten die Besatzungskräfte in Norditalien durch verstärkte Aktivitäten von Partisanengruppen zunehmend unter Druck. Obwohl die neue Welle von Untergrundkämpfern sehr erfolgreich war und die Kontrolle über große Teile Norditaliens an sich reißen konnte, hielten die Einheiten der Wehrmacht und der Waffen-SS weiter stand und kämpften auf ihrem Rückzug Richtung österreichische Grenze um jeden Meter Boden.

Als sich Ende April 1945 das Reich seinem Zusammenbruch näherte, wussten die meisten deutschen Befehlshaber, dass ein Entkommen über die Alpen so gut wie unmöglich war. Bald ergaben sich tausende Truppen, die erschöpft und gebrochen waren und sich in völliger Unordnung befanden. SS-Obergruppenführer Karl Wolff handelte mit den Alliierten einen lokalen Waffenstillstand aus. Einige SS-Einheiten setzten den Kampf jedoch fort und ignorierten die Aufforderungen von Heeres- und SS-Kommandeuren, die Waffen niederzulegen. Selbst nach Deutschlands bedingungsloser Kapitulation am 7. Mai 1945 gab es im norditalienischen Gebirge noch vereinzelte Gruppen von SS-Soldaten, die entschlossen waren, für Führer, Volk und Vaterland zu kämpfen und zu sterben.

Oben: Als Vorbereitung für den langen Transport zurück in den Westen werden für die italienische Front bestimmte Panzer auf Eisenbahnwagen verladen, Mitte 1943. Diese StuG. III Ausf. G sind ein kleines Kontingent von Sturmgeschützen, das zur Unterstützung der Waffen-SS-Divisionen in Italien in Russland zusammengestellt wurde. Sturmgeschütze wie dieses hier befanden sich unter den ersten schweren Panzerfahrzeugen, die bei den SS-Divisionen in Gebrauch kamen, als 1941 mehrere Batterien aufgestellt wurden. Das StuG. III Ausf. G war mit einer 7,5-cm-Stuk 40 L/48 bestückt. Es wurde in den späteren Kriegsjahren in großer Zahl eingesetzt und war auch bei den Hauptkampfdivisionen der Waffen-SS im Einsatz. Im Frühjahr 1943 wurde jede dieser Divisionen mit einer Sturmgeschütz-Abteilung mit 21 StuG. III Ausf. G ausgestattet, die an der Ostfront extensiv zum Einsatz kamen. Für die SS-Truppen erwies sich das StuG. III als ein äußerst wertvolles Unterstützungsfahrzeug wie auch eine starke Panzerabwehrwaffe. Da es in der Herstellung viel billiger als ein Panzer war, wurde es in den letzten zwei Kriegsjahren immer öfter als Panzerersatz verwendet.

Links: Panzerjäger »Nashorn« rücken in lockerer Formation vor, Italien 1944. Der Panzerjäger »Nashorn« war ein Jagdpanzer mit einer tödlichen 8,8-cm-Pak 43 L/71 mit langem Rohr, die zur damaligen Zeit die effektivste deutsche Panzerabwehrwaffe war. An der Ostfront waren die Besatzungen dieser Panzerjäger in der Lage, sowjetische Panzer T-34 auf eine Entfernung von bis zu 4000 m zu zerstören. Die in erster Linie bei unabhängigen Panzerjäger-Abteilungen des Heeres im Einsatz befindlichen Nashörner dienten zur Unterstützung spezifischer Operationen von Wehrmacht und SS-Einheiten. Wenn sie in der Panzerabwehr zum Einsatz kamen, wurden die Panzerjäger immer von den Panzergrenadieren unterstützt. Im späteren Kriegsverlauf wurden sie durch schwerer bewaffnete Panzerjäger ersetzt wie dem auf dem Panzer IV basierenden Jagdpanzer, den noch schwereren Jagdpanther und einer kleinen Anzahl massiver Jagdtiger.

Oben: Der Hauptpanzer der SS-Panzereinheiten war der Pz.Kpfw. IV. Dieses Foto wurde 1943 aufgenommen und zeigt die Besatzungen von Pz.Kpfw. IV der »Leibstandarte«, die damals Teil des II. SS-Panzerkorps in Italien waren. Als die »Leibstandarte« von der Ostfront abgezogen wurde, übergab sie die ihnen noch verbliebenen 39 Pz.Kpfw. IV der Division »Das Reich« und der Division »Totenkopf« und übernahm bei ihrer Ankunft in Italien 60 brandneue Pz.Kpfw. IV Ausf. H. Die hier gezeigten Panzer sind Teil der neuen Lieferung von Pz.Kpfw. IV an die Division »Leibstandarte«. Zur Anpassung an die dortige Umgebung erhielten sie einen Anstrich aus dunkler Sandfarbe mit einem Tarnmuster aus hellgrünen Flecken. Turmblenden und Schürzen geben zusätzlichen Schutz vor panzerbrechenden Geschossen. Ihrem unversehrten Zustand nach zu urteilen, haben die Panzer noch keine Kämpfe mitgemacht. Während des dreimonatigen Einsatzes der »Leibstandarte« in Italien zeichnete sich der Pz.Kpfw. IV in den verbissenen Kämpfen nach den alliierten Landungen bei Anzio besonders aus.

Links: Zwei Offiziere der »Leibstandarte« im September 1943, als das Gebiet nach Partisanen durchkämmt wurde. Der Partisanenkrieg wurde auf beiden Seiten mit großer Grausamkeit geführt, und SS-Einheiten machten sich in Norditalien einer Reihe von Gräueltaten schuldig. Der Sicherheitsdienst der SS hinterließ ebenfalls seine Spuren bei der italienischen Bevölkerung. SS-Obersturmbannführer Herbert Kappler vom Sicherheitsdienst (SD) ließ als Vergeltung für die Tötung von 32 Angehörigen der SS-Polizeieinheit durch Partisanen in Rom im März 1944 300 Zivilisten als Geiseln nehmen. Diese wurden in einen Keller außerhalb der Stadt getrieben und durch Pistolenschüsse in den Kopf liquidiert. Dann wurde der Keller gesprengt und abgeriegelt.

Oben: Während der Operationen in Italien identifiziert eine Flak-Mannschaft der Waffen-SS ein feindliches Ziel. Beim Geschütz handelt es sich um eine 3,7-cm-Flak 36, die mit Laub getarnt ist, um sie vor der Beobachtung aus der Luft zu schützen. Die 3,7-cm-Flak 36 hatte ein Gewicht von 1757 kg. Sie war auf eine Kreuzlafette montiert und hatte dadurch einen Schwenkbereich von 360 Grad. Sie feuerte 0,56-kg-Granaten auf eine Höhe von 4785 m oder auf eine Entfernung von 6492 m gegen Bodenziele. Die Feuergeschwindigkeit betrug 160 Schuss pro Minute. Die Waffen-SS erhielt ihre ersten mittleren mit 3,7-cm-Kanonen ausgestatteten Batterien im Juli 1941. Als die Einheiten der Waffen-SS 1943 nach Italien verlegt wurden, gab es im Flak-Arsenal der SS bereits eine größere Zahl verbesserter Fliegerabwehrwaffen, darunter die mittlere 3,7-cm-Flak auf Selbstfahrlafette und der 2-cm-Flak-Vierling.

Oben: Zwei Waffen-SS-Offiziere der »Leibstandarte« diskutieren auf einer staubigen Straße in Norditalien, 1943. Die »Leibstandarte« war die einzige »klassische« SS-Division in Italien, wo sie nach dem Sturz von Mussolinis Regime im September 1943 an der Entwaffnung italienischer Armee-Einheiten teilnahm. Die Division war auch maßgeblich an Aktionen gegen Partisanen beteiligt, bevor sie im Herbst dieses Jahres wieder an die Ostfront zurückkehrte. Zusätzlich zu den deutschen SS-Einheiten dienten auch noch italienische Freiwillige bei den Verbänden der Waffen-SS. Dazu gehörte die italienische SS-Legion, die im Gebiet um Anzio und Nettuno an der Seite der Division »Reichsführer SS« umfassend an den Kämpfen beteiligt war. Die Kampferfolge dieser Einheit italienischer Faschisten waren so gut, dass sie sogar in den Kriegsberichten der Wehrmacht erwähnt wurde. 1944 wurde die Division in die 29. Waffen-Grenadier-Division der SS umbenannt. Sie verbrachte den Großteil ihres Einsatzes mit Kämpfen gegen die kommunistischen Partisanen in der Poebene.

Oben: Eine Gruppe von Soldaten der Waffen-SS auf einer Bergstraße in Italien, 1944. Diese Soldaten gehören höchstwahrscheinlich zur 16. SS-Panzergrenadier-Division, die den Ehrentitel »Reichsführer SS« trug. Am Straßenrand halten eine Seitenwagenmaschine und ein leichter Horch-Geländewagen. Die Ursprünge der Division gehen auf das Jahr 1941 zurück, als aus dem Wachbataillon von Himmlers Befehlsstab eine Kampfeinheit gebildet wurde. Das Begleit-Bataillon »Reichsführer SS« kämpfte in Russland, wo es auf eine Sturmbrigade erweitert wurde. Im Oktober 1943 wurde die Einheit auf Divisionsgröße ausgebaut, obwohl sie nur zwei Drittel der Größe einer vollen Kampfdivision besaß. Sie befand sich noch in der Ausbildung, als Teile davon bei Anzio in die Kämpfe geworfen wurden.

Oben: Zwei Schützen der »Leibstandarte« während der Partisanenbekämpfung in Norditalien. Der Partisanenkrieg wurde von beiden Seiten gnadenlos geführt, und die »Leibstandarte« spielte eine zentrale Rolle bei den barbarischen Maßnahmen gegen die italienische Bevölkerung. Im September 1943 wurde die Stadt Boves zum Ziel brutaler Vergeltungsmaßnahmen der Waffen-SS. Die Stadt wurde fast völlig zerstört und die Einwohner großteils liquidiert. Die SS-Elitesoldaten hatten zwar in Kursk schwere Verluste erlitten und waren nur für kurze Zeit in Italien, waren der Wehrmacht aber willkommen, die verzweifelt Verstärkung gegen die 5. und 8. alliierte Armee brauchte.

Links: In Aktion – eine Batterie der Nebeltruppe der Waffen-SS hat gerade die Vorbereitungen ihrer schweren 21-cm-Nebelwerfer 42 für einen Angriff auf alliierte Stellungen in Norditalien abgeschlossen. Die Soldaten gehen beim Abschuss der gefürchteten Raketen ihrer Nebelwerfer in Deckung. Erst 1941 wurden deutsche Raketenwerfer in großer Zahl eingeführt. Zwei Jahre später, 1943, stellte die Waffen-SS ihre ersten Nebelwerfer-Abteilungen auf, die mit dem 15-cm-Nebelwerfer 41 ausgerüstet waren. Die hier gezeigte Batterie setzte jedoch den schwereren und selteneren 21-cm-Nebelwerfer 42 ein, der ein Gewicht von 1100 kg hatte. Der Nebelwerfer 42 konnte eine volle Salve in nur acht Sekunden feuern, drei volle Salven in weniger als fünf Minuten.

Oben links: Während des Rückzugs in Italien 1944 rollt ein StuG. III Ausf. G durch einen Obstgarten. Wie alle Sturmgeschütze gab das StuG. III der SS bei ihren Kampfeinsätzen das so wichtige Unterstützungsfeuer. Als die drei ursprünglichen Divisionen der Waffen-SS, »Leibstandarte«, »Das Reich« und »Totenkopf«, zu Panzergrenadier-Divisionen ausgebaut wurden, erhielten sie eine Sturmgeschütz-Abteilung mit 21 StuG. III Ausf. G. Dieses Sturmgeschütz erhöhte die Feuerkraft der SS-Grenadiere. Es war nicht nur robust, auch mechanisch zuverlässig und selbst im hügeligen Gebiet wie Norditalien effektiv. Das Fahrzeug konnte zwar nicht wie ein Panzer mit seinem Drehturm rundum feuern, aber das war zur damaligen Kriegsphase kein so ein großer Nachteil, da die meisten Panzerfahrzeuge in einer festen Verteidigungsrolle zum Einsatz kamen. Einen Vorteil hatte das Sturmgeschütz gegenüber einem Panzer ähnlicher Größe: Es konnte eine schwerere, längere und stärkere Kanone tragen.

Unten links: Bei Kriegsbeginn war die SS in Sachen Ausrüstung so etwas wie die arme Verwandtschaft des Heeres, doch 1943 erhielten die SS-Elitedivisionen als erste die neuen Waffen wie den massiven Pz.Kpfw. VI Tiger I. Der hier abgebildete Tiger I rollt gerade an SS-Soldaten mit erbeuteten sowjetischen 7,6-cm-Geschützen M1942 ZIS-3 auf einer Straße irgendwo in Norditalien vorbei. In dieser Kriegsphase verwendeten sowohl Wehrmacht als auch Waffen-SS Beutegeschütze, da sie wegen der Erweiterung und Produktionsrückgängen gezwungen waren, sich nach einer Alternative umzusehen. In vielen Fällen war die sowjetische Artillerie besser als das deutsche Äquivalent. Erbeutete Kanonen besaßen eine größere Reichweite als die deutschen Geschütze, außerdem zeichneten sie sich durch ein geringeres Gewicht und eine leichtere Handhabung aus.

Oben: Die SS-Mannschaft einer schweren Pak 40. Die 7,5-cm-Pak 40 erwies sich im Einsatz als effektive Waffe, besonders in den Händen gut ausgebildeter SS-Artilleristen. Die Kanone hatte ein Einsatzgewicht von 1425 kg und eine maximale Reichweite von 2000 m. Sie konnte 94 mm Panzerstahl auf eine Entfernung von 1000 m durchschlagen. Wie alle Panzerabwehrwaffen, die bei der Waffen-SS in Gebrauch waren, war diese fixer Bestandteil der Abwehr gegen feindliche Panzer auf dem Schlachtfeld. Sie erwies sich als wirtschaftliche und effektive Waffe, um Feuerkraft und Mobilität der gegnerischen Panzerformationen zu kontern, und ermöglichte den SS-Einheiten auch eine hinhaltende Verteidigung gegen die ständig wachsende Zahl immer stärkerer feindlicher Panzer. In den ersten Kriegsjahren war die Waffen-SS noch unzureichend mit Panzerabwehrwaffen ausgerüstet, erhielt aber schließlich einige der wirksamsten und neuesten Versionen des Zweiten Weltkriegs.

Rechts: Ein Pz.Kpfw. VI Tiger I rückt auf einem Feldweg irgendwo in Norditalien vor, 1943. Wie auf anderen Kriegsschauplätzen, beherrschten die Panzerbesatzungen der Waffen-SS mit ihren schweren Panzern wie dem Tiger und Panther in der zweiten Kriegshälfte das Schlachtfeld. Der schwer gepanzerte Tiger war mit der immens starken 8,8-cm-KwK 43 L/56 bestückt. Der Tiger wurde im August 1942 in Dienst gestellt, und bis zum Winter 1942/43 bekam die Waffen-SS die ersten davon zugeteilt. Im Juli 1943 war das I. SS-Panzerkorps, das die Tiger bei Kursk eingesetzt hatte, gerade dabei, die schwere SS-Panzerabteilung I mit 27 Tigern aufzustellen. Sie wurde der »Leibstandarte« angegliedert, als diese nach Italien verlegt wurde. Dort blieb sie bis Mitte Oktober im Einsatz, dann erfolgte die Rückverlegung an die Ostfront.

Rechts: Die verschiedenen auf Eisenbahnwagen verladenen Fahrzeuge sind für die italienische Front bestimmt, 1944. Hinter dem Pz.Kpfw. VI Tiger ist ein hoch gelobter Pz.Kpfw. V Panther Ausf. G zu sehen. In Italien, dessen Landschaft größere Panzeroperationen schwierig machte, waren zwar nur wenige Panther im Einsatz, doch sowohl die Panzerbesatzungen der Wehrmacht als auch der Waffen-SS erkannten bald, dass der Panther in befestigten Stellungen eine hervorragende Verteidigungswaffe sein konnte. Man kam sogar bald darauf, dass man den Panzer eigentlich gar nicht brauchte, sondern nur den Turm. Es wurden viele Stellungen mit den Panzertürmen von Panthern gebaut. Sie bestanden aus den standardmäßigen Panthertürmen und ihren 7,5-cm-Kanonen, die über einer rechteckigen in den Boden eingegrabenen Stahlbox montiert wurden. Italien war kein Land, das umfassende Panzeroperationen begünstigte wie sie in der offenen Steppe Russlands oder den Ebenen Frankreichs durchgeführt wurden, aber insbesondere der Panther bewährte sich in der Verteidigungsrolle.

Oben: Ein Pz.Kpfw. VI Tiger auf einem Eisenbahnwagen unterwegs nach Italien. Angesichts der alliierten Luftüberlegenheit war der Transport bei Tag gefährlich und mit hohen Verlusten verbunden. In nicht einmal drei Jahren Einsatzzeit hinterließ der Tiger beim Gegner einen überwältigenden Eindruck. Die Perfektion und Entschlossenheit der SS-Panzerbesatzungen trugen ebenfalls dazu bei, um unter den alliierten Einheiten eine »Tigerphobie« auszulösen. Es kam immer wieder vor, dass britische und amerikanische Panzerbesatzungen sich nur zögernd mit dem deutschen Koloss einließen. Die Tiger-Einheiten der Waffen-SS waren maßgeblich an der deutschen Verteidigung Italiens beteiligt. 1943 gehörten alle Tiger der SS in Italien zur »Leibstandarte«. Die restlichen Tiger der Waffen-SS wurden von den Divisionen »Das Reich« und »Totenkopf« im Osten eingesetzt.

Rechts: Ein Pz.Kpfw. VI Tiger I während der Operationen in Italien, 1943. Die Oberfläche dieses 56 Tonnen schweren Kolosses ist mit einem Zimmerit-Anstrich gegen Haftsprengladungen geschützt. Das ganze Fahrzeug ist dunkelgelb gestrichen. Die Besatzung hat den Panzer noch mit dunkelgrünen Tarnstreifen und -flecken versehen, um ihn im italienischen Gelände besser tarnen zu können. Außerdem wurde Laub befestigt, um die so typischen Umrisse aufzulösen. Obwohl die gebirgige Landschaft Italiens groß angelegte offensive Panzeroperationen verhinderte, begünstigte das Gelände den Einsatz der Panzer in Verteidigungsstellungen. Aus diesem Grund nutzten die Deutschen die Schlagkraft des Tigers voll aus, indem sie die Panzer in spezielle Verteidigungsstellungen eingliederten, die sich über die italienische Halbinsel erstreckten. Durch den Einsatz der Tiger waren diese Stellungen nahezu unüberwindliche Hindernisse für die alliierten Angreifer. Durch diese vorbereiteten Verteidigungslinien wollten die Deutschen den Alliierten auf ihrem Vorstoß über die italienische Halbinsel größtmögliche Verluste zufügen.

Oben: Eine unabhängige Instandsetzungskompanie der Waffen-SS bei der Überholung eines Tiger I in Italien. Die Tiger-Abteilungen verdankten ihren Erfolg auf dem Schlachtfeld zu einem großen Teil den gut ausgerüsteten Instandsetzungskompanien, die diese komplexen Kampffahrzeuge einsatzfähig hielten. Der hier abgebildete Tiger scheint gerade einer Generalüberholung seines Turms unterzogen zu werden. Am Turm sind immer noch die Nebelwurfbecher befestigt, die ab Mitte 1943 nicht mehr in Verwendung waren. Das größte Manko des Tigers war seine unzureichende Mobilität – die Geschwindigkeit betrug im Gelände nur 20 km/h und war bei mittlerer Steigung noch um einiges niedriger. Seine starke 8,8-cm-KwK 36 L/56 wurde zwar leicht mit alliierten Panzern fertig, doch der Tiger war berüchtigt für seine langsame Turmschwenkung.

Links: Ein frühes Modell des Pz.Kpfw. VI Tiger I rollt in Norditalien an einem Gehöft vorbei, 1943. Vier Mann der fünfköpfigen Besatzung schnappen frische Luft, nur der Fahrer bleibt im Panzer. Bei warmem Wetter verbrachten die Panzerbesatzungen immer viel Zeit außerhalb des klaustrophobisch engen Panzers. Ungewöhnlich ist, dass diese Panzermänner immer noch die alte schwarze Panzeruniform mit der schwarzen Panzerfeldmütze tragen, die jener des Heeres entspricht. Zu dieser Zeit hatten praktisch alle SS-Panzerbesatzungen sich für das Tragen der SS-Tarnoveralls entschieden, mit denen sie abseits des Fahrzeugs eine bessere Tarnung hatten.

Oben: Ein Tiger der Waffen-SS in einer von Bomben zerstörten Stadt, 1943. Dieser Panzer hat einen Grundanstrich aus dunkler Sandfarbe mit einem sehr hellen Tarnmuster aus grünen Flecken. Die taktische Nummer »S21« ist in Gelb auf die seitliche Turmblende aufgemalt worden. Zu sehen ist auch die hinten am Turm befestigte Kiste, die zusätzlichen Stauraum bot. Die Mündungsbremse des Panzers ist mit einer Schutzhülle überzogen, was darauf hinweist, dass nicht mit Kampfhandlungen gerechnet wurde. Diese Hülle schützte das Rohr vor Sand, Schmutz und Wasser. Die Besatzung trägt die rot-grünen Köperanzüge der SS-Panzermänner mit großen Taschen – die Waffenfarbe der Panzerbesatzungen des Heeres war hingegen Schwarz. Dieser zweiteilige Anzug war strapazierfähig, leicht und einfach zu waschen. Er sollte in den Sommermonaten, vor allem in wärmeren Klimazonen, getragen werden. Die Panzerbesatzungen trugen ihn aber auch über der Panzeruniform. Auf der Jacke befanden sich die üblichen Abzeichen, darunter Schulterklappen und Totenkopfabzeichen am Kragenspiegel sowie militärische Auszeichnungen.

Oben: Ein Halbkettenfahrzeug Sd.Kfz. 251 neben einem Tiger während der Operationen in Italien. Dieses als Schützenpanzerwagen für Panzergrenadiere entworfene Fahrzeug wurde nicht vor 1942 an die Waffen-SS ausgegeben, als die Divisionen »Leibstandarte«, »Totenkopf« und »Das Reich« in Panzergrenadier-Divisionen umgewandelt wurden. Das Halbkettenfahrzeug konnte eine vollzählige zehnköpfige SS-Schützengruppe mit ihren Maschinengewehren bis an den Rand des Schlachtfelds bringen und dort absetzen. Der taktische Einsatz des gepanzerten Halbkettenfahrzeugs wurde den ganzen Krieg hindurch weiterentwickelt. Anfangs fuhren die Panzergrenadiere der Waffen-SS den Panzern voraus und sicherten die Flanken vor feindlichen Gegenangriffen, wenn die Panzer die gegnerischen Verteidigungsstellungen durchbrachen. 1943, als die Deutschen die strategische Initiative verloren, änderten sich aber die Taktiken der Panzergrenadiere. Ihre Aufgabe bestand nun in der Ausschaltung der gegnerischen Panzerzerstörer und Panzerabwehrnester. An der Italienfront bewährte sich das Halbkettenfahrzeug und war immer zur Stelle, um die SS-Soldaten an den vorderen Rand des Schlachtfelds zu bringen, wo sie dann absaßen und befestigte feindliche Stellungen angriffen, während ihnen das Halbkettenfahrzeug wertvolle Feuerunterstützung gab. 1944 verließen sich die SS-Panzergrenadiere vermehrt auf Panzer, weil sich die Halbkettenfahrzeuge gegenüber Feindfeuer als immer verwundbarer erwiesen. Das vielseitige Halbkettenfahrzeug blieb aber bis Kriegsende in Verwendung.

Oben: Dieser getarnte 2-cm-Flak-Vierling 38 ist in der Poebene in Stellung. Er ist auf eine Halbketten-Zugmaschine montiert. Der Flak-Vierling konnte einen Feuersturm auf Boden- und Luftziele loslassen und war in der Bekämpfung tief fliegender Flugzeuge und leichter Panzerfahrzeuge äußerst effektiv. Er konnte 30 2-cm-Sprenggeschosse pro Sekunde aus allen vier Rohren feuern. Jede Kanone hatte eine Mündungsgeschwindigkeit von 900 m/s und eine maximale Schusshöhe von 2200 m. Die Waffe erwies sich als anpassungsfähig und wurde für die Bewaffnung von U-Booten und Kriegsschiffen wie auch der Bodeneinheiten herangezogen. Für die Mannschaften der Luftwaffe, Wehrmacht und Waffen-SS war das Manövrieren auf der Geschützplattform des Halbketten-Zugkraftwagens jedoch schwierig. Wie dieses Foto zeigt, ließen sich die Seiten der Geschützplattform hinunterklappen, um der Mannschaft mehr Arbeitsplatz zu geben. Die Magazine für die Geschütze wurden in Tragevorrichtungen an den klappbaren Seitenteilen mitgeführt, außerdem zog das Halbkettenfahrzeug meist einen einachsigen Anhänger mit zusätzlicher Munition.

Rechts: Ein SS-Soldat stützt einen verwundeten Kameraden während erbitterter Kämpfe bei Anzio. Diese Soldaten gehören zur neu gebildeten 16. SS-Panzergrenadier-Division »Reichsführer SS«. Das Halbkettenfahrzeug Sd.Kfz. 251 mit umhülltem MG 34 (»Schutzmantel«) gehört zu einer nicht bekannten Wehrmachtseinheit. Die Division »Reichsführer SS« blieb im Brückenkopf von Anzio/Nettuno bis 9. März 1944 im Kampfeinsatz. Der Großteil der Division wurde dann nach Ungarn verlegt, um die Regierung Horthy zu stürzen. Als die Alliierten jedoch ihren Vormarsch über Italien fortsetzten, kehrte die Division zurück und wurde 1944 in schwere Abwehrkämpfe verwickelt. Die Division »Reichsführer SS« war berüchtigt für ihre Rolle im Partisanenkrieg. Die Zivilbevölkerung hatte unter ihrer Schreckensherrschaft zu leiden, als sie das Gebiet nach Partisanen durchkämmte. Soldaten der Division begingen mehrere groß angelegte Massaker bei Padule di Fucecchio und Santa Anna di Stazzema. Im September 1944 liquidierten sie ebenfalls Zivilisten in Marzabotto. Die Deutschen behaupteten später, die Zivilisten seien bei den brutalen Kämpfen zwischen SS-Soldaten und Partisanen ins Kreuzfeuer geraten.

Rechts: Die Bedienung einer schweren 7,5-cm-Pak und ein MG 42-Schütze beziehen an einer Straße in Norditalien Verteidigungsposition. Das MG 42 wurde von der Waffen-SS in großer Zahl eingesetzt. Es handelte sich um eine Weiterentwicklung des MG 34, die aus Herstellungsgründen aber vereinfacht wurde. Das MG 42 besaß eine erstaunliche Feuergeschwindigkeit. Es war eine der gelungensten MG-Konstruktionen in der Geschichte. Es war einfach in der Handhabung und äußerst zuverlässig, eignete sich für den Einsatz in verschiedensten Geländeformen und Klimabedingungen. Die alliierten Truppen hatten bald gehörigen Respekt vor dem typischen Rattern des MG 42, das sich anhörte wie wenn »Linoleum reißt, nur lauter«. Für die Verteidigung wurde es für Dauerfeuer auf ein Dreibein montiert, es war aber auch leicht genug, um als Hauptwaffe bei einer Schützengruppe zum Einsatz zu kommen, wenn es wie hier mit einer Zweibeinstütze versehen wurde. Die Mannschaft hatte hauptsächlich die Aufgabe, dafür zu sorgen, dass dem MG-Schützen nie die Munition ausging.

Oben: Die Bedienung einer Pak 40 der Waffen-SS bei einer Übung an der Gothen-Linie im Herbst 1944. Die bei der Waffen-SS in großer Zahl eingesetzte Panzerabwehrkanone erwies sich als besonders wirksam gegen alliierte Panzer. Das 7,5-cm-Projektil der Pak 40 konnte mit Leichtigkeit die Panzerung der meisten alliierten Panzer durchschlagen. Pak-Batterien dienten dazu, feindliche Panzerangriffe zu unterbrechen oder aufzuhalten, während die Soldaten der Wehrmacht und Waffen-SS schnell zum Gegenangriff ansetzten, um die gegnerische Infanterie zurückzuschlagen, die in die Linie vorgedrungen war. Die Pak-Mannschaften stellten bald fest, dass diese Waffe eigentlich zu stark war, da sie beim Feuern instabil wurde. Die Kanone war bei der Waffen-SS aber weiterhin in Gebrauch und wurde in den Händen einer gut ausgebildeten Mannschaft zu einer äußerst wirksamen Waffe.

Unten: Ein speziell umgebautes Halbkettenfahrzeug Sd.Kfz. 7/1 mit zwei 2-cm-Flak 38. Diese Flak-Mannschaft war nahe der Gothen-Linie im Einsatz und setzte die 2-cm-Flak 38 gegen Bodenziele ein. Die Gothen-Linie verlief von Pesaro an der Adria über die italienische Halbinsel nördlich von Florenz bis nach Massa am Mittelmeer. Die Deutschen hatten diese schwer befestigte Verteidigungslinie gebaut, um den Vormarsch der Alliierten so lange wie möglich zu verzögern. Sie bestand aus einer Reihe von Hindernissen, darunter hunderte von Stahlunterständen für die unterstützende Infanterie sowie Felstunnels mit eingebauten Schießscharten und tausende von Minen. Die Linie war zudem durch Panther-Türme stark verteidigt, die in den Fels oder in dicken Beton eingebettet waren. Häuser und Bauernhöfe wurden ausgeräumt und dienten als Versteck für Panzer und Geschütze auf Selbstfahrlafetten. Nur noch die Rohre waren sichtbar und auf das weite und exponierte Gebiet vor ihnen gerichtet. Die Alliierten erreichten die Gothen-Linie im Dezember 1944, setzten aber erst zum endgültigen Sturm an, als im April 1945 unter beträchtlichen Verlusten an Menschen und Material eine Bresche in die Linie geschlagen wurde. Die Verteidiger konnten nun nirgendwo mehr ausweichen, und es sollte nur noch eine Angelegenheit von ein paar Wochen sein, bis sich die deutschen Armeen in Italien würden ergeben müssen.

KÄMPFE IN DER NORMANDIE

Als eine alliierte Invasion bedrohlich näher rückte, wurde die 12. SS-Panzerdivision »Hitlerjugend« in den Abschnitt Normandie verlegt.

Unmittelbar vor der Landung der Alliierten wurde die 12. SS-Panzerdivision in ihren Bereitstellungsraum bei Falaise verlegt. Abgesehen von einem Kern altgedienter Offiziere und Unteroffiziere waren diese jungen Burschen größtenteils blutige Anfänger, die meisten von ihnen sahen den Kämpfen aber mit einem Gefühl der Aufregung entgegen. Mit jedem Tag in diesem heißen Sommer 1944 wurden die Verteidigungsvorbereitungen schneller vorangetrieben. Zahlreiche Übungen wurden abgesagt, weil man glaubte, die alliierte Invasion stünde unmittelbar bevor.

In den frühen Morgenstunden des 6. Juni versetzte der Oberbefehlshaber West nach Meldungen über eine Invasion die 15. und 17. Armee in höchste Alarmbereitschaft und erteilte gleichzeitig der 12. SS-Panzerdivision »Hitlerjugend« sowie der

Links: Juni 1944 – blutjunge Soldaten der 12. SS-Panzerdivision »Hitlerjugend« im Abschnitt Normandie. Um von ihrem Stützpunkt bei Lisieux zur alliierten Landezone zu gelangen, musste die Division sich den alliierten Jagdfliegerangriffen aussetzen, die die Geschlossenheit vieler Marschkolonnen störten. Ein Angehöriger der 13. Kompanie erinnerte sich: »Der Vormarsch der Hitlerjugend war zermürbend. Luftangriffe stifteten überall Verwirrung und Tod.« Der Regimentskommandeur SS-Standartenführer Kurt »Panzer« Meyer konnte gerade noch aus seinem Fahrzeug flüchten, als dieses auf dem Weg zur Front bombardiert wurde.

Panzer-Lehrdivision des Heeres und der 17. SS-Panzergrenadierdivision den Marschbefehl. Konvois von Lastwagen und Panzern der 12. SS-Panzerdivision »Hitlerjugend« fuhren am ersten Morgen auf den verstopften Straßen in die Normandie und dort Richtung Norden nach Caen und Umgebung. Während der Fahrt wurden die Fahrzeuge permanent von Jagdflugzeugen unter Beschuss genommen, wodurch sich viele Marschkolonnen auflösten. Am 7. Juni gab SS-Standartenführer Kurt Meyer seinen nach dem langen Fußmarsch an diesem Tag erschöpften Soldaten den Einsatzbefehl. Aus den frisch ausgehobenen Schützengräben stürmten die Jugendlichen in den Kampf und eröffneten ein heftiges Sperrfeuer auf die britischen und kanadischen Stellungen. Bei den Kämpfen auf geringe Entfernung warfen die Jungen Handgranaten und nahmen die feindlichen Linien mit Maschinengewehren unter Beschuss.

Die »Hitlerjugend« war die erste Einheit der Waffen-SS, die in der Normandie ins Gefecht ging. Auch die neu gebildete 17. SS-Panzergrenadierdivision »Götz von Berlichingen« wurde an die Invasionsfront beordert; die immer noch in Belgien stationierte »Leibstandarte« wurde hingegen als Sicherung gegen mögliche Landungen im Pas de Calais zurückbehalten. Als sie schließlich doch ins Einsatzgebiet in Marsch gesetzt wurde, kam sie erst nach elf Tagen bei den Kämpfen um Caen zum Einsatz. Die 2. SS-Panzerdivision »Das Reich« (die frühere SS-Division »Das Reich«) blieb im Süden Frankreichs in Erwartung eines dortigen möglichen Angriffs der Alliierten. Es dauerte jedoch nicht lange, bis sie in Richtung Normandie abkommandiert wurde.

Auf ihrem Marsch beging die SS-Panzerdivision »Das Reich« eine Reihe von Gräueltaten. Dieser mächtige Verband wurde auf Schritt und Tritt von der französischen Widerstandsbewegung gejagt. Die SS-Soldaten, die ihr Handwerk in einigen der schwersten Kämpfe an der Ostfront gelernt hatten, reagierten mit brutalen Vergeltungsmaßnahmen, zu denen auch das Massaker von Oradour sûr Glane gehörte, bei dem das ganze Dorf niedergemetzelt wurde – auch Frauen und Kinder. Die Division erreichte schließlich am 10. Juli den Raum Normandie und wurde bei Periers in die Front eingegliedert. Den deutschen Befehlshabern wurde bald klar, dass die Alliierten die Absicht hatten, Caen einzunehmen. Am Abend des 8. Juni brachen Panther-Panzer der Division »Hitlerjugend«, angeführt von SS-Standartenführer Kurt Meyer auf einem Krad, in die kanadische 7. Brigade ein. In den folgenden Tagen setzten die Soldaten der »Hitlerjugend« die Kämpfe verbissen fort, bis die Panzer-Lehrdivision neben den erschöpften Jungen in die Front einrückte. Diese erfahrene Heeresdivision war auf ihrem Weg von Chartres zur Front übel zugerichtet worden. Sie hatte über 80 Geschütze auf Selbstfahrlafetten, 130 Lastwagen, fünf Panzer und eine Vielzahl anderer Fahrzeuge bei alliierten Luftangriffen verloren.

Die Kämpfe um Caen tobten weiter. Die von unzähligen Wegen durchzogene nordwestfranzösische Landschaft war mit den Toten beider Seiten übersät, die zwischen den tausenden zerstörten und ausgebrannten Fahrzeugen lagen. Die Kämpfe in diesem Gebiet trugen zur Legendenbildung um die fanatische Division »Hitlerjugend« bei.

»Spitfires greifen meine Kompanie an. Kanonen und Raketen richten Verwüstungen an. Ein Infanterist liegt auf der Straße und Blut strömt aus seiner Kehle. Eine Kugel hat eine Arterie durchtrennt. Er stirbt in unseren Armen.«

Kurt »Panzer« Meyer

In den nächsten Wochen verstärkten sich die Kämpfe um Caen. Von jenen SS-Truppen, die eine allerletzte verzweifelte Verteidigung aufstellten, war wenig Pardon zu erwarten. Der ursprüngliche Invasionsplan hatte die Einnahme von Caen innerhalb von zwei Tagen vorgesehen, doch die Schlacht hatte sich inzwischen schon über einen Monat hingezogen. Am 9. Juli war die Schlacht um Caen aber so gut wie vorbei; zwei Tage später wurde die 12. SS-Panzerdivision von der Division »Leibstandarte Adolf Hitler« abgelöst. Der Großteil der Division »Hitlerjugend« wurde auf Rastplätze zwischen Sassy und Bons zurückgenommen. Ihre Verschnaufpause sollte jedoch nur von kurzer Dauer sein, denn die Burschen der 12. SS-Division standen bald wieder im Kampf, um einen groß angelegten Durchbruch der Briten zu vereiteln.

Die Landschaft in der Normandie schuf für die Deutschen eigentlich günstige Bedingungen. Die hohen

Hecken, die tief liegende Feldwege säumten, kanalisierten die alliierten Panzerspitzen. Im Schutze dieses Geländes gelang es den SS-Truppen, ihren Abschnitt bis zum bitteren Ende zu halten. Heftige Angriffe aus der Luft und das Feuer aus Schiffsgeschützen behinderten aber permanent die Bewegungen und richteten noch nie da gewesene Schäden und Zerstörungen an Panzerfahrzeugen an, die dringend gebraucht wurden, um die Kriegsanstrengungen im Westen aufrechtzuerhalten.

Am 29. Juli gelang Einheiten der Divisionen »Das Reich« und »Götz von Berlichingen« ein Durchbruch durch ein amerikanisches Panzerregiment bei St. Denis le Gast, doch der Angriff scheiterte binnen kurzer Zeit, nachdem die Truppen von feindlichen Gegenangriffen zerschlagen wurden. Anfang August befanden sich Wehrmacht und Waffen-SS in Auflösung. Korps und Divisionen blieben zwar auf dem Papier im Einsatz, waren aber nur noch eine Ansammlung kleiner, auf Bataillonsgröße zusammengeschrumpfter Kampfgruppen.

Als den Amerikanern ein Ausbruch gelang und Bewegung in den Feldzug in der Normandie kam, drohte eine Katastrophe. Um die deutschen Kräfte in der Normandie vor der völligen Einschließung und Vernichtung zu retten, zogen sich zahlreiche Kräfte durch die Lücke bei Falaise-Argentan zurück. Das Gros der deutschen Panzerkräfte war allerdings noch immer im Kessel von Falaise eingeschlossen. Am 21. August 1944 war die Kesselschlacht von Falaise vorbei, bei der die SS einen massiven Schlag hatte einstecken müssen.

Die Kämpfe in der Normandie waren für die Waffen-SS äußerst verlustreich: Viele ihrer besten Einheiten waren so gut wie vernichtet. »Das Reich« bestand noch aus etwa 450 Mann und 15 Panzern, die 9. Panzerdivision »Hohenstaufen« verfügte über 460 Mann und etwa 25 Panzer. Die 10. SS-Panzerdivision »Frundsberg« hatte ihre gesamten Panzer und Artilleriegeschütze verloren. Der Division »Hitlerjugend« waren nur noch 300 Mann geblieben, dazu zehn Panzer und keine Artillerie.

Nach der umfassenden deutschen Niederlage in der Normandie wurden die noch verbliebenen Kräfte zur Auffrischung abgezogen. Die »Leibstandarte« wurde nach Aachen verlegt, »Das Reich« zog sich nach Deutschland in den Raum Schnee-Eifel zurück, die »Hitlerjugend« östlich der Maas und die

Oben: Ein Grenadier der »Hitlerjugend« hält im Abschnitt Caen in der Normandie Wache. Erschöpft vom Gewaltmarsch, der mehr als einen Tag dauerte und unter permanenten Luftangriffen erfolgte, war das Gros der 12. SS-Panzerdivision am Morgen des 7. Juni 1944 im Abschnitt nördlich Caens eingetroffen. Die Stadt lag genau auf dem Weg der von den Stränden vorrückenden britischen und kanadischen Armeen. Sie hatte schon durch die schweren Luftbombardements der Alliierten beträchtliche Schäden erlitten, sodass viele Straßen von riesigen Schutthaufen versperrt und für die Panzer unpassierbar waren. Die SS-Männer wollten aber auf keinen Fall einen Städtekampf führen. Ihr Ziel war es, die Stadt um jeden Preis zu halten.

»Götz von Berlichingen« wurde nach Metz verlegt. Die Divisionen »Hohenstaufen« und »Frundsberg« zogen angeschlagen in ruhigeres rückwärtiges Gebiet in den Niederlanden, und zwar nach Arnheim. Obwohl die Waffen-SS praktisch vernichtet war, hatte sie in der Normandie wieder einmal bewiesen, dass sie zu den zähesten Kampftruppen der Welt gehörte. Doch angesichts der gewaltigen alliierten Überlegenheit konnten die SS-Soldaten den Gegner in der Normandie nur aufhalten, nicht aber besiegen.

Schon wenige Monate nach ihrer Niederlage in der Normandie sollte die Waffen-SS wieder umfassend an den Kämpfen beteiligt sein. Diesmal ging es jedoch nicht um die Abwehr des Gegners, sondern die Waffen-SS sollte einen kühnen und gewagten Angriff durch das Ardennengebiet starten.

Oben: Soldaten der 12. SS-Panzerdivision waten in Nordfrankreich durch einen Sumpf. Am späten Nachmittag des 7. Juni 1944 waren die auf Caen vorstoßenden britischen Kräfte zwar von den SS-Soldaten von ihrem Ziel ferngehalten worden, konnten jedoch nicht zum Meer zurückgedrängt werden. Sie waren unter beträchtlichen Verlusten an Männern und Material in den Norden und Nordwesten von Caen zurückgetrieben worden. Die 12. SS-Panzerdivision begann unterdessen mit dem Ausheben von Verteidigungsstellungen, da dies offensichtlich nicht der letzte Versuch der Alliierten bleiben würde, Caen einzunehmen. In dieser Nacht teilten sich die Besatzungen der 5. Panzerkompanie die Rationen, die sie aus den zerstörten kanadischen Panzern »gerettet« hatten. Darunter waren Nahrungsmittel, die viele von ihnen noch nie zuvor gesehen hatten. Neben dem üblichen Dosenfleisch und -gemüse verzehrten sie Luxusgüter wie Erdnüsse und echte Schokolade. Danach ließen sich die Burschen erschöpft und ausgelaugt nieder, waren aber noch lange nicht geschlagen. Mitten in all diesem Blutvergießen waren sie letztlich doch noch richtige Soldaten geworden. Der Preis für ihre Erfolge waren aber viele Menschenleben.

Rechts: Rudolf Schaff von der 171. Artillerie sagte, in der SS hätte man offenbar geglaubt, dass bis dahin alle wie blutige Anfänger gekämpft hatten. Er sah, wie die Soldaten der Division »Hitlerjugend« in den Angriff vorrollten und einige von ihnen am Abend erschöpft zurückkamen und »aus Frustration weinten, nicht über ihre Verluste, sondern weil es ihnen nicht gelungen war, ihr Ziel – das Meer – zu erreichen«. In den nächsten Tagen gerieten die Soldaten der 12. SS-Panzerdivision unter immer heftigere Angriffe, wobei wohl die schweren Granaten, die von den vor der Küste liegenden Schlachtschiffen abgefeuert wurden, schlimmste Wirkung erzielten. Das Bombardement erreichte eine solche Intensität, dass Panzerbunker zu Bunkern umfunktioniert wurden. Am Abend des 9. Juni rückte die Elitedivision der Wehrmacht, die Panzer-Lehrdivision, neben der 12. SS-Division vor. Sie stand unter dem Kommando von Fritz Bayerlein, einem Veteranen des Afrika-Korps. Bevor sie das Kampfgebiet erreichte, hatte die Panzer-Lehrdivision bei alliierten Luftangriffen über 80 Geschütze

auf Selbstfahrlafetten, 130 Lastwagen, fünf Panzer und eine Vielzahl anderer Fahrzeuge verloren. Trotz allem stand dem deutschen Oberkommando mit der Panzer-Lehrdivision, der 21. Panzerdivision und der 12. SS-Panzerdivision noch ein zäher und erfahrener Panzerkern zur Verfügung, um den dann eine Verteidigung des Caen-Abschnitts aufgebaut werden konnte – mit verheerenden Auswirkungen auf den Zeitplan der Alliierten.

Oben: MG 34-Schützen im Einsatz in der Normandie, Juni 1944. Der Schütze 1 war üblicherweise jener Grenadier, der über die meiste Erfahrung und die höchsten Auszeichnungen in der Mannschaft verfügte. Sein Kamerad, der Schütze 2, führte die Patronengurte zu und sorgte dafür, dass das Maschinengewehr die ganze Zeit über einsatzfähig blieb. Das Maschinengewehr war die Hauptangriffswaffe einer Schützengruppe. Die Hauptaufgabe der restlichen Mannschaftsmitglieder – meist zwei Mann – bestand darin, die Munition für das MG herbeizuschaffen. Das MG 34 war eine hervorragende Waffe mit einer äußerst anspruchsvollen Konstruktion. Es besaß eine hohe Feuergeschwindigkeit, die jedoch nicht so hoch war wie die des Nachfolgemodells, des MG 42. Die alliierten Frontsoldaten hatten größten Respekt vor den deutschen Maschinengewehren und ihren hervorragend ausgebildeten Mannschaften. Bald bekamen sie auch Respekt vor der fanatischen Hingabe der jugendlichen Soldaten der 12. SS-Panzerdivision, die aus ihren Verstecken und frisch ausgehobenen Schützengräben herauskamen, um den Kampf gegen den Feind aus nächster Nähe zu führen, bevor sie sich wieder zurückzogen. Sie wendeten Tricks an, die sie von den Ostfrontveteranen gelernt hatten, und zogen sich scheinbar zurück, um die verfolgenden Truppen dann in einen Hinterhalt zu führen. Im nahe gelegenen Dorf Malon bezogen die Burschen Verteidigungsstellungen und griffen die feindlichen Panzer mit Panzerfäusten an und setzten mehrere davon außer Gefecht. Insgesamt zerstörten die jungen Grenadiere 28 britische und kanadische Panzer ohne eigene Verluste. Viele alliierte Soldaten waren schockiert, als sie diese Soldaten, die fast noch Kinder waren, in SS-Uniformen sahen. Es war ihr erstes Zusammentreffen mit der Hitlerjugend-Generation. Der Journalist Chester Wilmot bemerkte, dass die Soldaten der 12. SS-Panzerdivision, die diesen Abschnitt hielten, mit einer Standhaftigkeit und Brutalität kämpften, die in diesem gesamten Feldzug selten erreicht und nie übertroffen wurde. Ein britischer Panzerkommandant meinte, dass sie auf die alliierten Panzer sprangen »wie Wölfe, bis wir unter dem mörderischen Feuerhagel aus ihren Waffen gezwungen waren, sie gegen unseren Willen zu töten«.

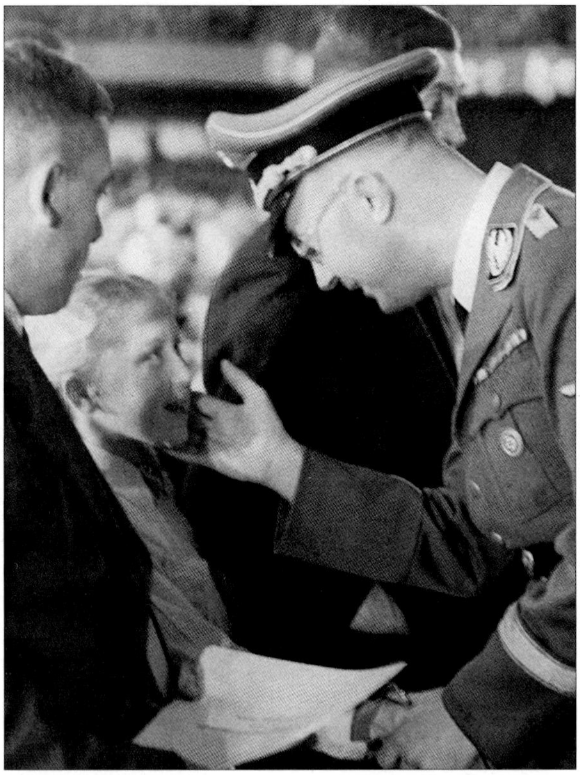

Rechts: Reichsführer SS Heinrich Himmler tätschelt nach einer Rede im Jahr 1944 einem kleinen Jungen die Wange. Hitler war zuversichtlich, dass die Soldaten seiner Waffen-SS sich während der alliierten Invasion in Frankreich bewähren würden, doch seit dem 6. Juni 1944 wurde bei den Kämpfen in der Normandie ein SS-Regiment nach dem andern verschlissen. Wie sein geliebter Führer schien Himmler für Bitten um die Erlaubnis zum Rückzug taub zu sein und weigerte sich, Berichten über die feindliche Stärke und die Erschöpfung der SS-Truppen, die von einem überdehnten Abschnitt in den nächsten geworfen wurden, Glauben zu schenken. Im Sommer 1944 war die Waffen-SS im Westen am Verbluten. Doch Himmler, der Architekt der SS, war sich sicher, dass seine auserlese Truppe arischer Übermenschen letztendlich gewinnen würde, obwohl alles dagegen sprach. Die Waffen-SS stand einer zu großen Zahl von alliierten Soldaten, Kanonen, Panzern, Jagdflugzeugen, Bombern und Schiffskanonen gegenüber, um sich behaupten zu können. Da halfen auch ihre fanatische Tapferkeit und ihr blinder Gehorsam nicht mehr.

Oben: Nach schweren Angriffen von den vorrückenden Alliierten bestattet eine unbekannte Waffen-SS-Einheit ihre Toten in Nordfrankreich. Während der ersten Kampftage in der Normandie versuchten die Deutschen die Alliierten von der Errichtung eines Landekopfs abzuhalten, waren aber nicht stark genug, um die feindlichen Infanterie- und Panzerkräfte zum Rückzug zu zwingen. Bis zum 14. Juni erreichten die Verluste untragbare Dimensionen. Tod und Verwüstung herrschten auf fast jeder Straße. Schon in den ersten Tagen nach der Invasion erkannten die Deutschen, dass, wenn nicht Verstärkung eintraf, um die immer größeren Lücken in der sich auflösenden Front zu füllen, der Gegner nicht mehr aufzuhalten wäre. Langsam kämpften sich deutsche Panzerverstärkungen zur Front vor, wurden bei Tag permanent von alliierten Jagdbombern behindert und bei Nacht von französischen Widerstandskämpfern aufgehalten, die Straßen, Eisenbahnlinien und den rollenden Nachschub sabotierten. Als erste traf Brigadeführer Werner Ostendorffs 17. SS-Panzergrenadierdivision »Götz von Berlichingen« ein. Nach ihr traf allmählich die 2. Panzerarmee der Wehrmacht nach einer äußerst beschwerlichen Fahrt an der Front ein, wo sie die übel zugerichtete Panzer-Lehrdivision verstärken sollte.

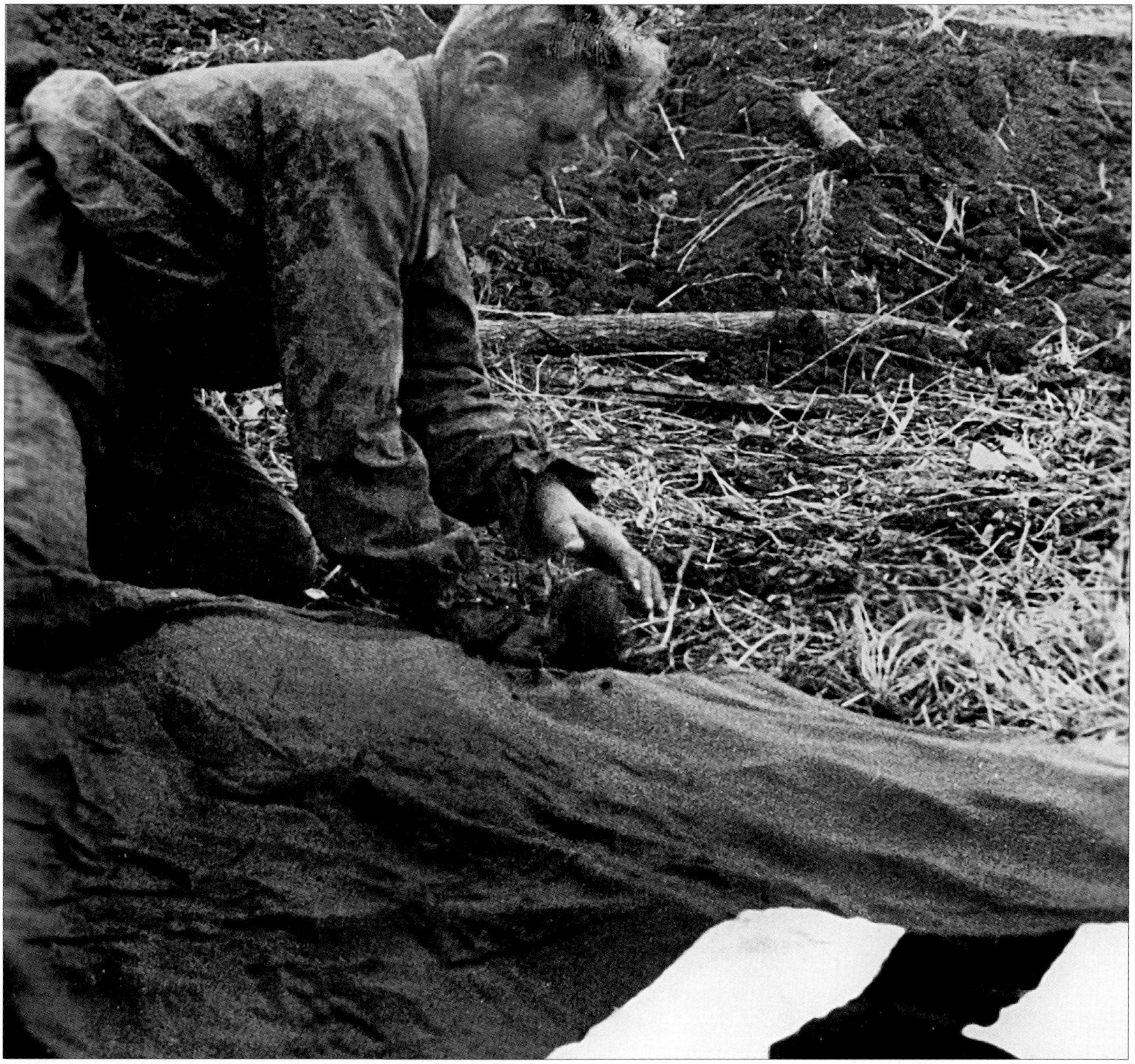

Oben: Ein junger Soldat der Division »Hitlerjugend« breitet eine Hakenkreuzfahne aus, um von den eigenen Fliegerkräften erkannt zu werden – eine etwas sinnlose Geste, wenn man bedenkt, dass die alliierten Luftkräfte der deutschen Luftwaffe an der Kampffront in einem Verhältnis von 50:1 überlegen waren. Trotz des immer größeren Drucks führte die 12. SS-Panzerdivision den Kampf unvermindert fort, um die Stellungen in den Ruinen um Caen zu halten. Die jungen Grenadiere rechneten nicht damit, gegen den permanenten Artilleriebeschuss und das Bombardement von See her flott voranzukommen. Stattdessen lagen sie bestens getarnt in den Häuserruinen, Gräben und neben Panzern, die ihnen als mobile Stützpunkte dienten. In Staub gehüllt und mit dem Schmutz der Schlacht auf ihren ungewaschenen Gesichtern, kämpften sie in der brütenden Hitze gegen eine gewaltige Übermacht. Es herrschte eine solche Anspannung, dass die Spuren, die die Grenadiere hinterließen, wenn sie nachts ihre Stellungen verließen und wieder zurückgingen, hektisch verwischt wurden, bevor mit dem neuen Tag auch die feindlichen Beobachtungsflugzeuge zurückkehrten. Aber selbst unter den permanenten Hammerschlägen feindlichen Feuers aus Artilleriegeschützen und Panzerabwehrwaffen rückten die Panzer der 12. SS-Panzerdivision mit Unterstützung durch ihre Grenadiere vor.

Oben: Soldaten der 12. SS-Panzerdivision gehen während der schweren Kämpfe in der Normandie in Deckung. Die jungen Soldaten der Division »Hitlerjugend« hatten zwar im Kampf beträchtlichen Mut gezeigt, dennoch stand die Division vor einer großen Katastrophe. In einem Divisionsbericht vom 17. Juni ist vermerkt: »Der Gegner kann ausschließlich aufgrund seiner unglaublichen materiellen Überlegenheiten Erfolge erzielen ... der Kampfwert seiner Infanterie ist gering. Eine der Hauptbedingungen für eine erfolgreiche Verteidigung und einen späteren Angriff ist die wirksame Unterdrückung der feindlichen Artillerie ...« Am 24. Juni beliefen sich die Verluste der Division auf 2550 Mann. Einige Tage hatte die Division mit der Vorbereitung neuer Verteidigungsstellungen zugebracht, um einen vermuteten feindlichen Angriff auf Caen zu verhindern.
Es wurden Deckungslöcher gegraben, Stellungen für Infanterie und MG-Stellungen wurden in Häusern vorbereitet. Hunderte von Verteidigungsstellungen waren sorgfältig ausgewählt, getarnt und für den Nahkampf gut vorbereitet worden.

Rechts: Soldaten der Waffen-SS klettern aus einem der zahlreichen Krater, die die britischen Schiffsgeschütze in der Normandie hinterließen. Das Bombardement durch Kriegsschiffe stellte eine ständige Bedrohung für die deutschen Kräfte dar. Am 14. Juni 1944 geriet der Kommandoposten der 12. SS-Panzerdivision in Venoix bei Caen unter direkten Beschuss durch die britischen Schiffe. Der Kommandeur, Brigadeführer Fritz Witt, gab Befehl, in Bunkern in Deckung zu gehen. Er selbst sprang als Letzter in den Graben und war deshalb immer noch draußen, als eine Granate in einem Baumwipfel explodierte und ein Splitterhagel in seinen Kopf eindrang. Er war auf der Stelle tot. Standartenführer Kurt Meyer, Kommandeur des Panzergrenadierregiments 25, erhielt den Befehl, das Kommando über die Division zu übernehmen. Mit nur 33 Jahren wurde »Panzer« Meyer zum jüngsten Divisionskommandeur bei den deutschen Streitkräften.

Rechts: Eine Gruppe gut getarnter Grenadiere von der 12. SS-Panzerdivision in einem Wald in der Normandie während der Operation »Epsom« Ende Juni 1944. General Montgomerys Panzeroffensive sollte den Stillstand in der Caen-Front brechen. Bis zu diesem Punkt hatte es sich um eine Zermürbungsschlacht gehandelt, bei der die Deutschen mehr austeilten, als sie einstecken mussten. Doch die Deutschen hatten Schwierigkeiten bei der Verstärkung ihrer Kampftruppen, während die Alliierten alle Verluste relativ schnell ausgleichen konnten. Ab Mitte Juni begann Montgomery, seine Kräfte für einen Großangriff auf Caen zu ordnen. Operation »Epsom« war eine erbitterte Schlacht. So weit das Auge reichte war die Landschaft mit toten Soldaten und zerstörter Ausrüstung übersät. Wenig Pardon wurde gezeigt oder erwartet. Die Alliierten, die eine Ausweitung ihres Landekopfs anstrebten, wurden immer wütender auf die Soldaten der »Hitlerjugend«, die so verbissen gegen eine gewaltige Übermacht kämpften. Das Problem war nicht so sehr ihre Tapferkeit, sondern vielmehr die Tatsache, dass sie wie so viele SS-Einheiten zu Gräueltaten neigten. Am 8. Juni erschossen Angehörige der 12. SS-Division 45 kanadische Soldaten, die bei Authie gefangen genommen wurden. In den folgenden Wochen liquidierten die jungen SS-Fanatiker weitere 60 britische und kanadische Gefangene. Im selben Zeitraum verloren sie selbst über 900 Mann im Kampf.

Unten links: Waffen-SS-Truppen mitten in den Kämpfen gegen britische Kräfte während der Operation »Epsom«. Als die Schlacht am 26. Juni begann, schrieb der Kommandeur der 12. SS-Panzerdivision: »Der Tag bricht bereits an. Alles ist noch ruhig. Ich bin noch immer mit Max Wünsche bei Rauray und sehe zu, wie die letzten Panzer in den Aufmarschraum rollen … Dann eröffneten die deutschen Batterien das Trommelfeuer. Oben dröhnen die tief fliegenden englischen Angriffsflugzeuge und schicken ihre Raketen mit einem Heulen auf Rauray herunter. Die Hölle der Materialschlacht hat begonnen. Die ersten Panzer rasseln an die Front. Der Angriff kommt anfangs gut voran, wird aber von einem englischen Gegenangriff zum Stehen gebracht. Es entwickelt sich eine Schlacht Panzer gegen Panzer, die mit großer Entschlossenheit geführt wird … Caen ist das Angriffsziel. Die Stadt soll durch einen Zangenangriff genommen werden. Caen soll Montgomerys Preis sein und das Ende der deutschen Front.« Während der Kämpfe an diesem Tag wurden zumindest 50 britische Panzer allein von den Panzern und Panzerabwehrkanonen ausgeschaltet. Doch die Panzergrenadiere mussten schwere Schläge einstecken, in einigen Gebieten wurden ganze Bataillone völlig ausgelöscht. Sturmmann Jochen Leykauff schrieb über die verzweifelte Schlacht mit den Briten beim Angriff auf Caen: »Die Stellung kann nicht länger gehalten werden. Die Grenadiere schmiegen sich an den felsigen Graben. Granaten explodieren in den Bäumen. Schwere Maschinengewehre sägen durch die Stellungen. Wir Grenadiere haben keine schweren Waffen. Wir klammern uns an unsere Karabiner …«

Oben: Drei Soldaten stürmen, vermutlich während der Operation »Charnwood«, bei Caen an einem brennenden Bauernhof vorbei. Diese Operation begann am 7. Juli 1944 mit einem vorbereitenden Bombardement auf die Stadt. Die 40,6-cm-Kanonen des Schlachtschiffs *HMS Rodney* hämmerten auf Caen ein, gefolgt von einem Großangriff schwerer RAF-Bomber. Am Morgen des 8. Juli setzten die Alliierten schließlich zu einem Großangriff auf die Stadt und die umliegenden Gebiete an. In zwei Tagen verzweifelter Kämpfe hatten die britischen Infanteriebataillone Verluste von 25 Prozent erlitten. In den umliegenden Städten und Dörfern kämpfte die Division »Hitlerjugend« bis zum bitteren Ende, um die Stellungen zu halten und dem Gegner keine Bodengewinne zu ermöglichen. Doch inzwischen war die Division »Hitlerjugend« nicht die einzige SS-Panzerdivision im Feld: Verstärkungen für die Normandiefront trafen aus ganz Europa ein. Darunter befand sich keine Geringere als die 1. SS-Panzerdivision »Leibstandarte SS Adolf Hitler«, eine erfahrene Kampftruppe.

Rechts: Die Kämpfe im Caen-Abschnitt waren eine blutige Zermürbungsschlacht. Die Deutschen, abgehärtet durch jahrelangen Kampf an der Ostfront, waren im Kampf Mann gegen Mann ihrem unerfahrenen Gegner weit überlegen. Doch die personelle Überlegenheit der Alliierten begann sich abzuzeichnen, und es sah so aus, als ob die 12. SS-Division eingeschlossen und vernichtet werden würde. Hitler befahl dennoch, den Caen-Abschnitt um jeden Preis zu halten. Kurt »Panzer« Meyer war verblüfft über den Führerbefehl und zog in Betracht, ihn zu ignorieren anstatt dabei zuzusehen, wie eine ganze Division Selbstmord beginge. Es gab keine Reserven mehr, die Munition ging schnell zu Ende, und es gab nur noch die Möglichkeit, vom Feind zurückgedrängt zu werden. In Missachtung von Hitlers Befehlen erhielten die Überlebenden der Division den Befehl, ihre schweren Waffen von Caen abzuziehen und im Hinterland neue Verteidigungsstellungen zu beziehen. Noch während sie zurückwichen, rollten die vorrückenden Kanadier durch ihre alten Stellungen.

Oben: Ein MG-Trupp der Waffen-SS eröffnet das Feuer. Bei der Waffe handelt es sich um eine von den Tschechen gebaute ZB-30, eine der besten Waffen dieser Art, auf der auch die britische »Bren Gun« beruht. Der Grund, weshalb solche Waffen bei der Waffen-SS in Verwendung waren, geht auf die frühen Jahre des Bestehens dieser Organisation zurück. Vor dem Krieg hatte die Wehrmacht die Kontrolle über die Waffenbeschaffung und händigte nur zögernd moderne Waffen an die Armee der NSDAP aus. Die SS musste sich anderswo nach Waffen umsehen. Die Besetzung Böhmens und Mährens gab Deutschland Zugriff auf die lange bestehende und äußerst effektive tschechische Waffenindustrie, von der die SS die ZB-30 erwarb. Diese Soldaten haben versucht, die günstigste Verteidigungsstellung für ihre Waffen zu finden. Mit ihren Tarnjacken verschmolzen sie gut mit der natürlichen Umgebung und waren nur schwer auszumachen. In der Normandie arbeiteten die MG-Schützen der Waffen-SS mit geschickt angelegten Rückzugspositionen, die ihnen eine Fortsetzung des Kampfes ermöglichten, auch wenn sie vom Gegner immer weiter zurückgedrängt wurden.

Oben: Normandie – ein leichter Horch-Lastwagen mit einer Tarnung aus Laub als Schutz vor feindlichen Flugzeugen. Die deutschen Fahrzeugverluste waren in Frankreich 1944 katastrophal. Bis Ende der Schlacht war der Großteil der Panzerfahrzeuge, Geschütze und Ausrüstung der Waffen-SS zerstört. Zu den schwersten Verlusten kam es im August 1944: Bei Monatsende besaß keine Panzerdivision an der Front mehr als eine Hand voll an Panzern und Artilleriegeschützen. Viele Fahrer fürchteten sich davor, mit ihren Fahrzeugen bei Tageslicht durch die normannische Landschaft zu fahren, denn da waren sie am verwundbarsten für alliierte Bomberangriffe. Um schlimmere Verluste zu vermeiden, waren die Einheiten gezwungen, bei Tag ihre Fahrzeuge zu tarnen und sich nur im Schutz der Dunkelheit herauszuwagen.

Oben: Eine Kradfahrereinheit der Division »Das Reich« auf der Fahrt von Südfrankreich in den Normandie-Abschnitt. Am 8. Juni 1944 brachen rund 15.000 Soldaten dieser Division mit 209 Panzern und Geschützen auf Selbstfahrlafette von Montauban auf. Vor ihnen lag ein 720 km langer Marsch durch Frankreich, der zu einem Blutbad wurde. Die Division »Das Reich«, die bereits 1940 als SS-VT durch dieses Gebiet gefahren war, war ständigen Angriffen der Widerstandskämpfer ausgesetzt. Für die zähen SS-Männer, die viele Monate im mörderischen Kampf mit den Partisanen im Osten zugebracht hatten, hieß das, es mit gleicher Münze zurückzuzahlen. Die Division hinterließ auf ihrem Marsch eine Spur brutaler Vergeltungsaktionen, zu denen die wohl entsetzlichsten Gräueltaten zählten, die im Westen begangen wurden – im Osten waren solche Verbrechen durchaus üblich.

Oben: Ein Grenadier der »Hitlerjugend« beim Absteigen von seinem gut getarnten Halbkettenfahrzeug Sd.Kfz. 251. Selbst nachdem die Briten und Kanadier Caen endlich erreicht hatten, hielten Widerstandsnester im Norden und Westen weiterhin stand. Am späten Nachmittag des 9. Juli 1944 waren die Kämpfe aber so gut wie vorbei. Kurt »Panzer« Meyer schrieb: »Die Soldaten der 12. SS-Panzerdivision waren am Ende ihrer physischen Belastbarkeit. Sie hatten vier Wochen lang ohne Pause an der Front gekämpft und die starken Hammerschläge der Schlacht ausgehalten ... Sie gingen mit frischen, glühenden Gesichtern in die Schlacht. Heute werfen die mit Schlamm bedeckten Stahlhelme Schatten auf ihre eingesunkenen Gesichter, die dem Tod allzu oft ins Auge gesehen hatten.« Am 11. Juli wurde die 12. SS-Panzerdivision schließlich von der »Leibstandarte« entsetzt. Die Division hatte 60 Prozent Verluste erlitten, ein Drittel davon waren Gefallene. Sie wurde nach Sassy und Bons zurückgenommen, wo sich die Überlebenden jedoch nicht sehr lange erholen konnten. Eine Woche später standen sie schon wieder im Einsatz und versuchten, eine weitere britische Angriffswelle aufzuhalten, als Montgomery östlich von Caen zum Angriff ansetzte.

Rechts: Ein Grenadier der 12. SS-Panzerdivision »Hitlerjugend« während der Operationen in der Normandie. Der Soldat hat Laub über sein Halbkettenfahrzeug Sd.Kfz. 251 gebreitet, um es vor einem möglichen Angriff durch Boden- oder Luftkräfte zu tarnen. Dieses Foto wurde im Abschnitt Vimont Ende Juli oder Anfang August 1944 aufgenommen, wo die 12. SS-Panzerdivision Abwehrgefechte führte. Entlang der gesamten deutschen Front wurden die massiven alliierten Bombenangriffe mit unverminderter Heftigkeit fortgesetzt und vernichteten Truppen wie Panzerkolonnen. Während dieser kritischen Phase versuchte die Waffen-SS mit aller Kraft, die Stellungen zu halten und führte eine Reihe wilder Schlachten inmitten dieser Kakophonie aus Artillerie- und Panzerfeuer. Als Anfang August der gefürchtete amerikanische Ausbruch gelang, verschlimmerte sich die Lage. Den Deutschen drohte nun die Einschließung durch die schnell vorrückenden amerikanischen Panzerkolonnen von Pattons 3. US-Armee.

Unten: Ein gut getarnter MG-Schütze beobachtet, wie seine Kameraden von einem Erkundungsvorstoß zurückkehren. Das MG 42 ist auf ein Dreibein montiert und mit einem Visier für Dauerfeuer ausgerüstet. Alle Grenadiere sind mit der MP 40 bewaffnet. Sie tragen die zweite Ausführung der Tarnjacke mit dem »SS-Eichenlaubmuster« auf rotbraunem Untergrund, die Sommerseite ist nach außen gewendet. An ihrem Koppeltragegestell ist das Sturmgepäck festgehakt. Es bestand aus Kochgeschirr, Gasmaskenbüchse mit Gasplane und zusammengerollter Zeltbahn. Am Koppel hängen Brotbeutel, Wasserflasche, Schanzzeug und Patronentaschen für die MP 40.

Oben: Ein Soldat der 716. Infanteriedivision kommt aus einer Verteidigungsstellung, Normandieküste 1944. Vor den alliierten Landungen in der Normandie fuhr Brigadeführer Fritz Witt, der Kommandeur der 12. SS-Panzerdivision, zur Kanalküste hinaus, um das Gebiet zu erkunden, in das seine Division wahrscheinlich verlegt würde. Seiner Meinung nach waren die Stellungen der 716. Infanteriedivision entlang der Küste bei weitem nicht ausreichend. Hinter den Artilleriebunkern und den schweren MG-Stellungen befand sich eine kleine Zahl von Panzerabwehrwaffen. Viele Bunker befanden sich noch im Bau, und selbst die schon fertigen boten unzureichenden Schutz vor Luftangriffen oder Feuer aus Schiffsgeschützen. Angesichts des Zustands der Verteidigung war Witt überzeugt, dass die Alliierten erfolgreich landen und mit den erwarteten Bombardements von See und aus der Luft mit Sicherheit schnell landeinwärts vorstoßen könnten. Nach einer intensiven Rekognoszierung der vom Küstengebiet herausführenden Straßen und Brücken war Witt überzeugt, dass der Abschnitt um Caen für den Gegner auf seinem Vormarsch besonders verlockend sein musste. Witt war sicher, dass Caen nach den Landungen an der Küste der Normandie ein wichtiges Zentrum des Kampfes werden würde. Das deutsche Oberkommando teilte Witts Befürchtungen jedoch nicht, sondern ging von der fälschlichen Annahme aus, der wahrscheinlichste Ort einer alliierten Invasion wäre der Pas de Calais. Selbst wenn Briten und Amerikaner in der Normandie landeten, dann wäre das nur eine Finte, um vom Norden abzulenken.

Unten: Eine Panzereinheit von der Division »Das Reich« unmittelbar vor dem Eintreffen im Abschnitt Normandie. Der Horch-Feldwagen, der höchstwahrscheinlich vorübergehend als Kommandoposten diente, wurde mit Stroh gut getarnt, um das immer größere Risiko eines Luftangriffs so gering wie möglich zu halten. Je näher die Division »Das Reich« der Normandie kam, desto mehr mussten die Einheiten ihren Vormarsch auf die Nacht verlegen. In der Normandie bewegten die Fahrer ihre Fahrzeuge nur meterweise vorwärts und mussten von ihren Lastwagen oder Panzerfahrzeugen springen, um unter den Panzerwannen Schutz zu suchen, wenn Flugzeuge zum Angriff ansetzten. Praktisch alle Panzereinheiten der Division befanden sich bei ihrem Eintreffen in der Normandie in einem dermaßen schlechten Zustand, dass sie mehrere Tage für die Umgruppierung brauchten, bevor sie in Einsatz gehen konnten. Immer verzweifelter forderten die deutschen Panzerkommandanten Treibstoff, Ersatzteile und andere wichtige Materialien an, die nötig waren, um die Fahrt fortsetzen zu können. Die Division traf zwischen 15. und 30. Juni fast drei Wochen hinter dem Zeitplan erschöpft im rückwärtigen Gebiet der Kampfzone ein. Die Division »Das Reich« ging erst Anfang Juli in den Kampf und hatte bis zu diesem Zeitpunkt bereits schwere Verluste erlitten. Nach und nach wurden Einheiten gegen die Amerikaner bei Coutances, St. Lô, Percy und Mortain in die Kämpfe geworfen. Die Division wurde durch alliierte Bombenangriffe übel zugerichtet, war aber noch lange nicht geschlagen. Ihr Name war aber untrennbar mit den Gräueltaten verbunden, die sie auf ihrem 720 km langen Marsch durch Frankreich begangen hatte.

Rechts: Aus einem frisch gegrabenen Deckungsloch beobachtet ein gut getarnter Grenadier der 12. SS-Panzerdivision »Hitlerjugend« das Gelände durch seinen dunkelgelben 6 x 30-Feldstecher. Gut zu sehen ist die Stielhandgranate M24. Dieses Foto wurde während der Kämpfe im so genannten Kessel von Falaise aufgenommen. Im Juli 1944 wurde die 12. SS-Panzerdivision »Hitlerjugend« aus der Normandie-Front gezogen, aber wieder mitten in die Kämpfe zurückgeworfen, als die deutschen Stellungen zwischen Maltot und Vendes zusammenzubrechen drohten. Hier erlitt die Waffen-SS besonders schwere Verluste. Wer nicht im Kessel niedergemetzelt oder gefangen genommen wurde, dem gelang der Ausbruch nur, wenn der überwiegende Teil der Ausrüstung zurückgelassen wurde. Die »Hitlerjugend« wurde in die Normandie geschickt, um sich im Kampf zu beweisen, aber für all zu viele dieser jungen führertreuen Menschen wurde die Normandie nicht nur zur Generalprobe, sondern auch zum Grab. Auch später fielen hunderte von ihnen, als sich die deutschen Kräfte vor den alliierten Panzern zur Reichsgrenze zurückkämpften. Ende August 1944 war die Schlacht in der Normandie zu Ende. Die 12. SS-Panzerdivision war nur noch ein Schatten jenes Verbandes, der etwa zehn Wochen zuvor so zuversichtlich in die Schlacht gezogen war. Als sie sich Anfang September bei Yvoir über die Maas zurückzog, bestand sie nur noch aus 600 Mann, alle Panzer waren verloren und es gab keine Munition mehr für die Artillerie. Bedrückt über den Zustand der Division »Hitlerjugend« bemerkte Feldmarschall von Rundstedt, dass man diese tapferen Jugendlichen in einer hoffnungslosen Situation geopfert hätte. Nachdem sie in der Normandie praktisch vernichtet wurde, führte die Division auf ihrem Rückzug von Frankreich nach Belgien eine Reihe hinhaltender Gefechte. Mitte September 1944 wurde die erschöpfte 12. SS-Panzerdivision zur Auffrischung nach Deutschland verlegt, um sie für ihren Einsatz an der Ardennen-Offensive vorzubereiten.

Links: Ein StuG. III Ausf. G auf einer Landstraße irgendwo in Nordfrankreich, August 1944. Diese letzte Ausführung des StuG. III wurde 1943 in Dienst gestellt. Es war mit der 7,5-cm-StuK 40 L/48 bestückt, die auf 1000 m Entfernung eine erhöhte Durchschlagsleistung von 109 mm hatte und bei einem Auftreffwinkel von 30 Grad bis zu 91 mm Stahl durchschlagen konnte. Für die Nahverteidigung war das Fahrzeug zusätzlich mit einem 7,92-mm-MG 34 ausgerüstet. Im Frühjahr 1944 erhielt die Waffen-SS zwei Kompanien mit jeweils 22 StuG. III Ausf. G, die den Panzerregimentern der Divisionen »Das Reich« und »Leibstandarte« angegliedert wurden in Vorbereitung auf die erwartete alliierte Invasion in Frankreich. Während der Kämpfe in der Normandie verließen sich die SS-Grenadiere stark auf die Feuerunterstützung durch StuG. III, die im besten Fall von Verteidigungspositionen aus gegen vorrückende feindliche Panzerverbände kämpften.

Links: Ein SS-Grenadier der 9. SS-Panzerdivision »Hohenstaufen« posiert für die Kamera in einem in Dienst gestellten Zivilfahrzeug, das mit einem Tarnmuster versehen wurde. Die am 6. Juni in Polen stationierte »Hohenstaufen« wurde zusammen mit der 10. SS-Panzerdivision »Frundsberg« sofort an die Kampffront beordert. Wegen der von den alliierten Angriffen angerichteten Zerstörung brauchten die beiden Divisionen für die Durchquerung Frankreichs länger als für ihre Fahrt durch das restliche Europa. Am 3. August 1944 versuchte die Division »Hohenstaufen«, vorgerückte britische Kräfte zwischen Chenedolle und Montchamp zu zerschlagen. Aber weil die Division durch die permanenten alliierten Luft- und Bodenangriffe ernstlich geschwächt worden war, konnte sie nur einen Teilerfolg erzielen. Die 10. SS-Panzerdivision »Frundsberg« befreite sich aus dem Sektor Aunay und unterstützte dann die Division »Hohenstaufen« bei Angriffen auf Chenedolle. Die Schlacht um die Stadt selbst fand zwischen dem 4. und 7. August statt und endete, als die beiden Einheiten der Waffen-SS sich aus dem Gebiet zurückzogen.

Oben: Auf dem Rückzug über die Seine nutzt eine nicht bekannte Einheit der 12. SS-Panzerdivision »Hitlerjugend« eine beschädigte Brücke, um mit einer BMW-Seitenwagenmaschine überzusetzen. In der Nacht vom 24./25. August 1944 überquerte der letzte Teil der Kampfgruppe »Mohnke« dieser Division die Seine, womit deren Einsatz in Frankreich so gut wie vorbei war. Am 25. August befahl der Oberbefehlshaber der 5. Panzerarmee schließlich allen Kampfeinheiten südlich des Flusses, sich über die Risle und die Seine zurückzuziehen. Als sich die letzten Einheiten zurückzogen, wurden starke Verteidigungsstellungen gebaut, um den noch verbliebenen Grenadieren der Division »Hitlerjugend« einen sicheren Übergang zu ermöglichen, ohne vom Gegner gravierend gestört zu werden. Am Morgen des 26. August befand sich das Gros der 12. SS-Division hinter der Seine im Abschnitt Armfreville-sous-les-Monts-Muids, während andere Einheiten sich westlich von Beaumont bewegten. Das Gros der Grenadiere sammelte sich im Raum Beauvais, wobei in den letzten Augusttagen und Anfang September täglich Nachzügler der Division eintrafen. Einige von ihnen wurden in der Normandie abgeschnitten und hatten sich selbst durch feindlich besetztes Gebiet in die Sicherheit vorgekämpft. So mancher hatte sich der typischen Tarnuniform der Waffen-SS entledigt und sich als Bauer verkleidet und mit Milchkannen, Rechen und Heugabeln ausgerüstet durch die französische Landschaft geschlagen. Andere tarnten sich als Trauernde mit Kränzen.

Rechts: Einer der gefürchtetsten Panzer in der Normandie – ein Pz.Kpfw. VI Tiger I Ausf. E. Der Tiger war langsam, besaß eine unzureichende Schussweite und sein Turm drehte sich nur träge, aber aufgrund seiner starken Panzerung und gewaltigen Kanone konnte er in den Händen einer fähigen Besatzung das Schlachtfeld beherrschen. Der Tiger stand nie in größerer Zahl zur Verfügung, und die zwei schweren SS-Panzerabteilungen in der Normandie besaßen eine Stärke von nur 90 Tigern. Doch diese wenigen Panzer fügten dem Gegner Verluste zu, die in keinem Verhältnis zu ihrer Zahl stand. Dem Tiger-Ass Michael Wittmann und seiner Besatzung gelang es sogar, den Angriff einer ganzen britischen Division bei Villers-Bocage zu stoppen. Die Stärke des Tigers erfüllte zusammen mit der umfassenden Gefechtserfahrung seiner jeweiligen Besatzung die alliierten Panzermänner mit Furcht. Das Problem der »Tiger-Phobie« wurde so schlimm, dass General Montgomery gezwungen war, einzuschreiten und die Verbreitung von Berichten über Tiger-Einsätze, die die alliierten Panzermänner in einem äußerst ungünstigen Licht zeigten, zu verbieten.

Rechts: Ein Pz.Kpfw. V Panther Ausf. G der Waffen-SS rückt durch eine zerstörte französische Stadt vor, Ende Juli 1944. Der Panther war mit einer KwK 42 L/70 7,5 cm mit langem Rohr und hoher Mündungsgeschwindigkeit bestückt und hatte für die Nahverteidigung zwei 7,92-mm-MG 34. Der Panzer wog 44,8 Tonnen und wurde von einem 700 PS starken Zwölf-Zylinder-Vergasermotor Maybach HL 230 P 30 angetrieben. Die maximale Geschwindigkeit betrug auf der Straße 46 km/h und im Gelände 30 km/h. Vor der alliierten Invasion in der Normandie erhielten die SS-Panzerdivisionen eine ganze Abteilung von Panther-Panzern, was die Schlagkraft beträchtlich erhöhte. Abgesehen von der Division »Totenkopf« und der 5. SS-Division »Wiking«, die an der Ostfront blieben, wurden die Divisionen »Leibstandarte«, »Das Reich«, »Hitlerjugend«, »Hohenstaufen« und »Frundsberg« für ihre Operationen im Westen mit Panthern ausgerüstet. Eine normale Panther-Abteilung der Waffen-SS hatte 76 Panther V im Feld, vier Kompanien mit jeweils 17 Panzern und eine Stabskompanie mit weiteren acht Panther-Panzern. Die Stabskompanie des Panzerregiments verfügte über weitere drei Panther-Befehlswagen, mit denen sich die nominale Abteilungsstärke auf 79 Panther belief, darunter sechs Befehlspanzer. Als jedoch die Alliierten im Juni 1944 zum Angriff auf Frankreich ansetzten, hatten die meisten Panther-Abteilungen der Waffen-SS weniger als die Hälfte ihrer Sollstärke. Eine Division war jedoch mit Panthern gut ausgerüstet, und zwar die 12. SS-Panzerdivision »Hitlerjugend«. Als die Landungen am D-Day begannen, verfügte die Division »Hitlerjugend« über eine Stärke von 81 Panthern, vorwiegend der Ausführung G. Der Panther war mit seiner starken Kanone und abgeschrägten Panzerung vermutlich der beste Allround-Panzer des Krieges. Der ursprünglich als Antwort auf den ausgezeichneten sowjetischen T-34 entworfene Panzer erlebte sein Kampfdebüt in Kursk 1943 und blieb bis Kriegsende in Produktion. Seine Herstellung war jedoch kompliziert und teuer. Die Gesamtproduktionszahl von Panthern belief sich auf knapp über 5000 Stück – verglichen mit über 11.000 sowjetischen T-34 allein im Jahr 1944.

Rechts: Ein Angehöriger der Division »Leibstandarte« lässt sich auf einem Halbkettenfahrzeug Sd.Kfz. 251 während der Operationen in Frankreich im frühen August 1944 fotografieren. Interessant sind die Divisionszeichen der 1. SS-Panzerdivision in Weiß rechts vorne am Fahrzeug. Das Schlüsselsymbol spielt auf den Namen Sepp Dietrich an, dem ursprünglichen Kommandeur der »Leibstandarte«. Auf der linken Seite ist das taktische Zeichen der Panzergrenadiere zu sehen, das die Einheit angibt, zu der dieses Fahrzeug gehört. Vor der alliierten Invasion in der Normandie war die »Leibstandarte« im Raum Bruges in Belgien stationiert. Sie wurde in Reserve gehalten und erhielt erst elf Tage nach dem D-Day den Einsatzbefehl. Die Division zog ihre Kräfte bei Caen zusammen und wurde bald darauf in schwere Gefechte verwickelt. Sie wurde später in den amerikanischen Abschnitt verlegt, wo sie am zu ehrgeizigen und letzten Endes sinnlosen Gegenangriff von Mortain teilnehmen sollte. Am 7. August wurde die Division von raketenfeuernden RAF-Typhoons übel zugerichtet, am 16. August gab das Oberkommando den Befehl zum Rückzug.

Links: Die Besatzung einer »Wespe« der Waffen-SS im Einsatz. Diese Haubitze auf Selbstfahrlafette war mit einer 10,5-cm-leFH 18/2 L/28 bestückt, die auf einer leicht gepanzerten oben offenen Kastenstruktur auf dem Fahrgestell eines Pz.Kpfw. II montiert war. Der Antrieb erfolgte durch einen 140 PS starken Maybach-Motor HL 62 TR mit sechs Zylindern. Die maximale Geländegeschwindigkeit betrug 20 km/h. Diese Fahrzeuge standen bei den gepanzerten Artillerieabteilungen der SS-Panzerdivisionen in Einsatz. Jede Abteilung besaß zwei leichte Batterien mit sechs Selbstfahrlafetten »Wespe« und eine schwere Batterie mit sechs schwereren »Hummeln«.

Oben: Die letzte Phase des Frankreichfeldzugs im August 1944 – eine Artilleriemannschaft der 12. SS-Panzerdivision »Hitlerjugend« feuert auf ein britisches oder amerikanisches Ziel. Diese Soldaten führen höchstwahrscheinlich ein verzweifeltes Nachhutgefecht in Nordfrankreich und werden, wenn sie ihre letzte Munition verschossen haben, ihr Artilleriegeschütz zurücklassen müssen. Die Soldaten, die sich über die französische Grenze nach Belgien und Deutschland zurückzogen, waren heruntergekommen und abgekämpft, aber sie waren die Überlebenden aus drei Monaten ständiger Kämpfe, und ihre Erfahrung sollte sich als unschätzbar wertvoll erweisen für einen erneuten Einsatz der Divisionen. Zwar waren ihre Reihen nun mit Männern gefüllt, die sich nicht freiwillig gemeldet hatten, sondern einberufen worden waren, aber auch in den neu aufgestellten SS-Divisionen wurden wie gewohnt Kampferfolge erzielt. Überdurchschnittliche Kampfleistungen waren jedoch nicht nur ein Phänomen bei der Waffen-SS. Den ganzen Krieg hindurch waren die deutschen Soldaten ihren alliierten Gegnern leistungsmäßig überlegen. Das lag zum Teil an ihrer Ausbildung, die darauf abzielte, dass die Soldaten selbst die Initiative ergreifen sollten. Alle Soldaten wurden dazu ausgebildet, mindestens drei Ränge über ihrem derzeitigen Rang noch eine Funktion ausüben zu können. Fiel der Offizier einer deutschen Einheit, dann übernahmen die Unteroffiziere. Geschah das Gleiche in einer britischen Einheit, war die instinktive Reaktion, sich erst einmal auf eine Verteidigungsstellung zurückzuziehen und Befehle abzuwarten.

Oben: Die Bedienung einer Flak der Division »Das Reich« sucht am Rande des Kessels von Falaise den Himmel über Frankreich ab. Der Soldat steht auf der Kampfplattform eines 2-cm-Flak-Vierlings 38, der auf einem Halbketten-Zugkraftwagen montiert ist. Die Division »Das Reich« verhielt sich bei den Kämpfen in der Normandie wie sie es von der Ostfront gewohnt war. Als ein Offizier der Division »Das Reich« wegen begangener Gräueltaten zurechtgewiesen wurde, war er aufrichtig verdutzt, da das Liquidieren von Kriegsgefangenen in den zwei Jahren, die er an der Ostfront gedient hatte, üblich war. Im August erhielt die Division den Befehl, sich dem II. SS-Panzerkorps anzuschließen und nach Vimoutier zu verlegen, eine Stadt, die einige Kilometer außerhalb des Falaise-Kessels lag. In diesem Raum sollten die Männer der Division »Das Reich« eine starke Präsenz aufrechterhalten und den deutschen Armeen den Ausbruch aus dem Kessel ermöglichen. Als die Alliierten schließlich den Falaise-Kessel mit 15 eingeschlossenen deutschen Divisionen dicht machten, war es die Aufgabe der Division »Das Reich«, einen Ausbruchkorridor für die überlebenden deutschen Einheiten und einzelne Soldaten offen zu halten. Die Verbindung zwischen den alliierten Armeen war jedoch unterbrochen und deshalb wurde der Kessel nicht lückenlos geschlossen. Auf diese Weise entkamen zehntausende deutsche Soldaten durch die von der Waffen-SS offen gehaltenen Korridore; hunderttausende entgingen der Katastrophe jedoch nicht.

Unten: Eine Sturmgeschütz-Abteilung der »Leibstandarte« rückt im Morgengrauen durch eine französische Stadt vor. Auf dem Weg zur Front herrschte Nervosität, denn man war sich der Gefahr durch die alliierten Bomber in diesem Gebiet bewusst. Diese StuG. III Ausf. G besitzen einen Zimmerit-Schutzanstrich gegen Haft-Sprengladungen, es wurde aber noch kein Versuch unternommen, die Fahrzeuge zu tarnen. Wer dies noch nicht erlebt hatte, konnte sich kaum die volle Wucht der überlegenen alliierten Luftmacht vorstellen. Nur jene Soldaten, die am Ende des Nordafrikafeldzugs gedient hatten, wussten, wie tödlich taktische Flugzeuge sein konnten. Am 22. August 1944 gab die Heeresgruppe B einen Bericht über die Stärke der acht überlebenden Panzerdivisionen heraus, die an der Schlacht um die Normandie beteiligt waren. Ein typisches Beispiel war die »Leibstandarte«, die enorme Verluste erlitten hatte. Die einst mächtige SS-Panzerdivision war jetzt nur noch ein schwaches Bataillon – alle Panzer waren verloren gegangen und ihre Artillerie existierte praktisch nicht mehr.

Links: Panzergrenadiere der Waffen-SS auf dem Vormarsch mit einem Halbkettenfahrzeug Sd.Kfz. 251 während der Operationen in Nordfrankreich Ende August 1944. Anscheinend sind Tarnnetze über den Kampfraum gebreitet. Solche Netze wurden von den Panzer- und Sturmgeschützbesatzungen in Frankreich in großer Zahl eingesetzt. Interessant ist der mit einem MG 42 bewaffnete Grenadier. Hinter dem MG-Schützen trägt ein Soldat ein Dreibein, die Lafette 42, auf dem Rücken. Für Dauerfeuer an einer befestigten Frontlinie wurde das MG 42 auf die Lafette aufgesetzt und konnte von einer dahinter liegenden Stellung aus über eine Abzugsvorrichtung abgefeuert werden.

Oben: Eine 2-cm-Flak 38 auf einer Halbketten-Zugmaschine im Einsatz in der späteren Phase der Schlacht um Frankreich. In der zweiten Augusthälfte traten die Verbände der Waffen-SS den Rückzug durch Frankreich an. Im Raum Falaise starteten die Divisionen »Das Reich«, »Hohenstaufen« und Reste der »Hitlerjugend« eine Reihe schwerer Gegenangriffe, um die im Falaise-Kessel eingeschlossenen deutschen Divisionen zu befreien. Zwar gelang es der Waffen-SS, eine Lücke zu öffnen und damit ihren Kameraden ein Entkommen vor dem bevorstehenden Gemetzel zu ermöglichen, dennoch waren die Verluste in und um Falaise enorm. Ende August 1944 hatte Deutschland den ersten Teil des Westgefechts verloren. Es war eine äußerst verlustreiche Schlacht gewesen, bei der viele der besten Einheiten praktisch vernichtet worden waren. Obwohl der durchschnittliche SS-Grenadier in der Lage war, höchste Ansprüche zu erfüllen und sich tapfer und unter Selbstaufopferung gegen eine gewaltige personelle und materielle Übermacht zu schlagen, konnte er den Gegner nur aufhalten, nicht besiegen.

Links: Grenadiere einer unbekannten SS-Division auf dem Rückzug in der Normandie nach ihrer fast völligen Vernichtung in diesem Gebiet. Ende August 1944 war die Waffen-SS nur noch ein Schatten ihrer selbst. Die Division »Das Reich« besaß nur noch 15 Panzer und etwa 450 Mann, der »Hohenstaufen« erging es mit 25 Panzern und 460 Überlebenden nicht viel besser. Sämtliche Panzer der Division »Frundsberg« waren vernichtet, ihre Artillerie zerstört, und sie bestand nun aus nur mehr vier Infanteriebataillonen. Die »Hitlerjugend« besaß noch zehn Panzer, keine Artillerie und nur noch 300 Mann. Auch die Heereseinheiten hatten enorme Verluste. Die 2. Panzerdivision hatte alle Panzer und Geschütze verloren, die Eliteeinheit des Heeres, die Panzer-Lehrdivision, war völlig vernichtet worden und existierte nicht mehr als Einheit.

Oben: Ein Pz.Kpfw. Tiger IV Ausf. E der schweren SS-Panzer-Abteilung 101 in der Normandie. Im Dezember 1943 und Januar 1944 wurden die für diesen Tiger typischen Neuerungen eingeführt: ein größerer seitlicher Wannenausschnitt für eine größere Bewegungsfreiheit der Ketten, die kleine Mündungsbremse, das V-Profil auf den Kettengliedern und der in der Mitte angebrachte Bosch-Scheinwerfer. Der hier gezeigte Tiger besitzt höchstwahrscheinlich Laufräder mit Stahlfelgen, die im April 1944 an die sSS-PzAbt. 101 geliefert wurden. Alle vertikalen Außenflächen des Tigers sind mit einem Zimmerit-Schutzanstrich gegen Haft-Sprengladungen bedeckt. Das Fahrzeug ist durchgehend mit einem dunkelgelben Anstrich versehen. Die dunkelgrünen und dunkelbraunen Tarnstreifen wurden vermutlich von der Besatzung selbst hinzugefügt. Zu sehen ist das weiße Zeichen der Einheit auf der vorderen rechten Fahrzeugseite: der gekreuzte Schlüssel in einem von Eichenblättern umrahmten Schild. Die sSS-PzAbt. 101 war im Abschnitt Normandie umfassend an den Kämpfen beteiligt, darunter die Tiger von Obersturmführer Michael Wittmanns 2. Kompanie, die den britischen Panzereinheiten massive Verluste zufügten. Bis zu seinem Tod am 8. August 1944 war der inzwischen zum SS-Hauptsturmführer beförderte Wittmann zum erfolgreichsten Panzer-Ass des Krieges und wahrscheinlich aller Zeiten geworden. Zum Zeitpunkt seiner Verlegung nach Frankreich lag seine persönliche Trefferquote bei über 117 Panzern. Sein Soloangriff bei Villers-Bocage brachte einen versuchten Angriff der 7. Panzerdivision zum Stehen – innerhalb von ein paar Minuten erledigte Wittmanns Tiger 25 britische Panzer, 14 Halbkettenfahrzeuge und 14 Bren-Gun-Carrier. Seine Perfektion und Zähigkeit brachte ihm das hoch geschätzte Ritterkreuz mit Eichenlaub und Schwertern ein. Er fiel zu einem späteren Zeitpunkt in der Schlacht.

Oben: Dieser bei den Kämpfen in der Normandie zerstörte Panzer ist einer der 90 Tiger-Panzer der SS-Panzerdivisionen. Wie zahlreiche andere Panzerfahrzeuge wurde er im Kessel von Falaise eingeschlossen und schließlich vernichtet. Bis Mitte August waren fünf SS-Panzerdivisionen, sechs Heeres-Panzerdivisionen und acht Infanteriedivisionen zwischen der 3. US-Armee und der 1. kanadischen Armee eingekesselt. Deutsche Panzerverbände, allen voran die 12. SS-Panzerdivision, hielten die Zangenarme lange genug auseinander, um eine völlige Katastrophe abzuwenden.
Am 20. August 1944 schloss sich der Zangengriff und der Kessel war dicht. Es wurden rund 50.000 Gefangene gemacht und es gab über 10.000 Gefallene.

Rechts: Ein Pz.Kpfw. VI Tiger Ausf. E hält auf einer Straße. Der Tiger-Panzer war unter den britischen und amerikanischen Panzermännern in der Normandie gefürchtet. Mit seiner starken Frontpanzerung konnte der Tiger nur von einem Sherman »Firefly« außer Gefecht gesetzt werden, einem Sherman M4 mit einer starken britischen 17-Pfünder-Panzerabwehrkanone. Die Deutschen erkannten jedoch bald die Gefahr und erklärten die Sherman-Panzer mit ihren langen Rohren zum vorrangigen Ziel aller Panzerbesatzungen. Ansonsten sah die gängige Praxis bei den alliierten Panzerbesatzungen so aus, dass ein Tiger oder Panther mit mindestens fünf Panzern angegriffen wurde, wobei man mit einem Verlust von drei oder vier von ihnen rechnete. So groß und stark der Tiger auch war, er sollte von einem noch größeren Panzer abgelöst werden, dem Tiger II oder Königstiger. Der Tiger II hatte ein größeres Gewicht, eine stärkere abgeschrägte Panzerung und war mit einer aufgerüsteten 8,8-cm-Kanone bestückt, deren Mündungsgeschwindigkeit noch höher war als beim Vorgänger. Königstiger rollten für Testzwecke in die Normandie, kamen aber vor allem bei der SS in den Ardennen und bei den Endkämpfen gegen die Rote Armee in Ungarn zum Einsatz.

Unten: Bei diesen Panzern in einem normannischen Dorf handelt es sich anscheinend um eine Gruppe von Pz.Kpfw. V Panther Ausf. G der Waffen-SS. Interessant ist, wie aufwändig die Panzerbesatzungen ihre Fahrzeuge mit Laub getarnt haben, um eine Entdeckung durch alliierte Jagdflugzeuge zu verhindern. Zu diesem Zeitpunkt des Krieges waren die Panzerverluste enorm. Alle wichtigen SS-Divisionen waren bis August 1944 auf eine Hand voll Panzer und Artilleriegeschütze reduziert worden.

Aber trotz zahlenmäßiger Überlegenheit der Alliierten erzielte der Panther noch einige Kampferfolge gegen die alliierten Panzerkräfte. In den letzten Wochen der Normandieschlacht setzten die Deutschen ihre mit Panthern ausgerüsteten Kampfgruppen erfolgreich ein, um den Gegner vorübergehend aufzuhalten, mussten dafür jedoch hohe Verluste einstecken. Ab dem 14. August 1944 führten die Reste der Panther-Gruppen der Waffen-SS Rückzugsgefechte gegen immer stärkeren Widerstand. Am 19. August setzte die Waffen-SS mit den wenigen verbliebenen Panthern des II. SS-Panzerkorps von außerhalb des Falaise-Kessels zum Angriff an, um für die eingeschlossenen deutschen Formationen eine Lücke zu öffnen. Obwohl er in sehr kleiner Zahl eingesetzt wurde, bewährte sich der Panther, und den SS-Besatzungen gelang die Öffnung eines Fluchtkorridors für die deutschen Einheiten aus der Hölle von Falaise. Nur wenig Ausrüstung konnte aus dem Inferno mitgenommen werden. Die Division »Das Reich« war nur eine der Eliteformationen, denen nicht einmal die Rettung eines einzigen einsatzfähigen Panthers aus dem Kessel gelang. Lediglich 36 Panther entkamen, von denen die meisten aber durch alliierte Luftangriffe zerstört wurden, als sich die Panther-Kampfgruppen Richtung Seine zurückzogen. Tag und Nacht zogen sich Panzerfahrzeuge und erschöpfte Infanteristen vor den vorrückenden Alliierten über den Fluss zurück. Als die Alliierten in raschem Tempo über die Seine setzten, gab es im Westen nicht mehr als 15 Panther. Die deutschen Panzerverbände des Westheeres existierten nun nicht mehr, und es hatte den Anschein, dass nichts die Alliierten von ihrem Vorstoß über Frankreich nach Belgien und zur deutschen Reichsgrenze abhalten konnte. Doch nur einen Monat später sollten die Reste zweier SS-Panzerdivisionen Montgomerys Operation bei Arnheim zerschlagen, und drei Monate später bildeten die Überlebenden aus der Normandie den Kern von drei Armeen, die für einen Angriff durch die Ardennen aufgestellt wurden.

DIE ARDENNEN-OFFENSIVE

Gegen Ende September 1944 plante Hitler einen Großangriff durch die belgischen Ardennen, von dem er sich eine Änderung des Kriegsverlaufs erwartete.

Geheime Befehle dazu erteilte er dem Hauptquartier des Oberbefehlshabers West. Das I. SS-Panzerkorps mit der 1. und 12. SS-Panzerdivision und das II. SS-Panzerkorps mit der 2. und 9. SS-Panzerdivision sollten zwecks Reorganisation und Ausbildung freigestellt werden. Auch die Panzer-Lehrdivision sollte für den Einsatz in dieser entscheidenden Schlacht umgebildet werden.
Drei der vier Armeen in Generalfeldmarschall Walter Models Heeresgruppe B war in der Offensive eine wichtige Rolle zugedacht: die 6. SS-Panzerarmee unter SS-Oberstgruppenführer »Sepp« Dietrich, die 5. Panzerarmee unter General der Panzertruppen Hasso von Manteuffel und die 7. Armee unter General der Panzertruppen Erich Brandenberger. Alle Einheiten wurden verstärkt und waren einsatzbereit. In dieser Kriegsphase verfügten die deutschen Panzerdivisionen über ein Panzerregiment und

Links: Eine Mannschaft der Waffen-SS mit einer alten 3,7-cm-Pak 35/36 steht für die Kämpfe im Rahmen der Ardennenoffensive im Dezember 1944 bereit. Seit der katastrophalen Niederlage in der Normandie hatte Hitler nach einer Möglichkeit gesucht, die Initiative im Westen wiederzugewinnen. Er befahl seinen Kommandeuren, im Winter einen groß angelegten Gegenangriff durch das Ardennengebiet zu führen, dem Schauplatz seines Sieges von 1940, um den Hafen von Antwerpen einzunehmen.

zwei Panzergrenadierregimenter. Die Divisionen besaßen im Durchschnitt rund 100 mittlere Panzer. Den Deutschen gelang es aber erstaunlicherweise, über 1000 Panzer und Sturmgeschütze für die Ardennenoffensive bereitzustellen.
Der Deckname für die Offensive lautete »Wacht am Rhein«. Der Plan sah einen Angriff mit drei Spitzen auf Antwerpen vor. Die Hauptangriffskraft, die 6. Panzerarmee, sollte durch das Waldgebiet der Ardennen angreifen, zwischen Liege und Huy einen Übergang über die Maas erzwingen und dann auf den großen alliierten Versorgungsstützpunkt bei Antwerpen zustoßen.
Die Einnahme der Maas-Brücken war die Aufgabe einer eigens dafür gebildeten Truppe, der so genannten Panzerbrigade 150, die unter dem Befehl von SS-Sturmbannführer Otto Skorzeny stand. Diese mit Uniformen der amerikanischen Militärpolizei bekleideten und mit amerikanischen Waffen und Fahrzeugen ausgerüsteten englisch sprechenden Freiwilligen sollten sich unter die auf dem Rückzug befindlichen amerikanischen Truppen mischen, einzig und allein um in deren Reihen Panik und Verwirrung zu stiften. Im Gefolge dieser Spezialtruppe sollte das I. SS-Panzerkorps sich einen Weg durch die amerikanischen Linien bahnen.
Am Morgen des 16. Dezember 1944 wurde die Stille von 2000 leichten, mittleren und schweren Kanonen, Haubitzen und Mehrfachraketenwerfern gebrochen, die das Feuer gleichzeitig eröffneten. Aber so abrupt wie das Bombardement begonnen hatte, endete es auch wieder und hinterließ eine lähmende Stille. Dann kamen unter den Nadelbäumen und Tarnnetzen tausende Soldaten der Wehrmacht und Waffen-SS hervor und setzten zum Angriff an. Entlang der gesamten deutschen Linie, von der 6. SS-Panzerarmee im Norden bis zur 7. Armee im Süden, stürmte eine gewaltige Masse von Truppen und Panzern durch den eiskalten Morgennebel ins Gefecht. Die Schnelligkeit und Tiefe des deutschen Angriffs war eine hervorragende Demonstration des Zusammenwirkens aller Waffen.
Für die zweite Linie der amerikanischen Divisionen, die diesen scheinbar ruhigen Abschnitt über hatte, kam der Angriff völlig überraschend. Sie waren der Meinung, die Deutschen wären erledigt und der Sieg wäre zum Greifen nahe. Nun holten erfahrene Einheiten der Waffen-SS, denen die neuesten deutschen Panzer zur Verfügung standen, zum Schlag gegen sie aus. Die unerfahrenen amerikanischen Einheiten wurden in kurzer Zeit aus ihren vorderen Stellungen vertrieben und begaben sich auf den Rückzug nach Westen.
Ein paar Kilometer nördlich von St. Vith mussten die amerikanischen Truppen in der Ortschaft Manderfeld einen schweren Schlag einstecken. Sie wurden von den Grenadieren der 18. Volksgrenadier-Division und der Vorhut der Kampfgruppe Peiper angegriffen, der Speerspitze der 1. SS-Panzerdivision »Leibstandarte Adolf Hitler«. Peiper war schon an der Ostfront ein brutaler Befehlshaber gewesen, und nun zeichnete seine Rücksichtslosigkeit auch den Marsch seiner Kampfgruppe durch die Ardennen aus.

Feldmarschall von Rundstedt glaubte nicht an einen Vorstoß bis Antwerpen. Er meinte, man müsse Gott schon auf Knien danken, wenn man bis zur Maas käme.

Die SS-Kampfgruppe kämpfte sich an Manderfeld vorbei und schlug die amerikanischen Truppen in die Flucht. In der Stadt Honsfeld fuhren Peipers Panther durch die Straßen. Fast von Anfang an richteten die SS-Truppen Massaker an, beginnend mit der Erschießung von 19 amerikanischen Soldaten, die sich ergeben hatten. Am selben Tag wurden bei einer Straßenkreuzung bei Malmédy 125 Gefangene in einem verschneiten Feld zusammengetrieben und erschossen.
Im Süden näherte sich im Abschnitt der 7. Armee das 902. Panzergrenadierregiment der Panzer-Lehrdivision Bastogne, deren Verteidiger Verstärkung durch die 101. amerikanische Luftlandedivision erhalten hatten. Die Einnahme von Bastogne war für die erfolgreiche Entwicklung ihrer Offensive von entscheidender Bedeutung. In der Nacht vom 18./19. Dezember trafen zwei deutsche Panzerdivisionen ein, und am folgenden Tag war die Stadt nahezu eingeschlossen.
Am Morgen des 22. Dezember trafen weitere deutsche Truppen und Panzer für das Gefecht ein. Als sie später an diesem Tag bereit zum Angriff standen, forderte Oberleutnant Helmuth Henke vom Operationsabschnitt der Panzer-Lehrdivision

den amerikanischen Befehlshaber zur Übergabe der Stadt auf, was den Amerikanern jedoch niemals in den Sinn gekommen wäre.
Am 23. Dezember starteten die Deutschen ihre Hauptoffensive mit mehreren Angriffsspitzen auf den amerikanischen Verteidigungsstreifen. Beide Seiten erlitten schwere Verluste, aber die Amerikaner verteidigten die Stadt verbissen und hinderten die Infanterie der Panzer-Lehrdivision an weiteren Bodengewinnen. Am Weihnachtstag gingen die Kämpfe mit unverminderter Heftigkeit weiter. Im Umfeld der schwelenden Stadt gingen amerikanische Panzer, Halbkettenfahrzeuge und Infanterie ins Gefecht. Fast gleichzeitig stellten sich ihnen die Deutschen entgegen, zu denen nun Einheiten der Volksgrenadiere, Fallschirmjäger, Wehrmacht und Waffen-SS zählten.
In den nächsten Wochen tobten die Kämpfe weiter. Am 30. Dezember waren die Kämpfe so heftig, dass die »Leibstandarte« Verluste von etwa 30 Panzern und vielen ihrer Grenadiere meldete. Über dem Schlachtfeld beherrschten amerikanische Jagdflugzeuge den Himmel und griffen jedes deutsche Fahrzeug und alles an, was sich auf den Straßen oder im offenen Gelände bewegte. Die Einheiten der Waffen-SS erlitten dadurch schwere Verluste. Allmählich gelang es mit Unterstützung des britischen XXX. Korps die Deutschen in die Defensive zu drängen und zurückzuwerfen, diesmal aber für immer. Fast 12.000 deutsche Soldaten waren bei dem Versuch, die Stadt einzunehmen, gefallen; 900 Amerikaner starben bei ihrer Verteidigung. Weitere 3000 fielen außerhalb des Verteidigungsraums. Insgesamt verloren die Deutschen bei dieser Schlacht rund 450 Panzer.
Im gesamten Ardennengebiet waren die deutschen Truppen erschöpft. In der Nacht beobachteten die Soldaten in klirrender Kälte aus ihren Stellungen die permanenten Luftangriffe der Bomber. Die alliierten Bomberangriffe hatten in den Ardennen großräumige Zerstörungen angerichtet. Brücken wurden vernichtet, Straßen durch Krater aufgerissen und Dörfer dem Erdboden gleichgemacht, wodurch die Panzerkolonnen zu langen Umwegen gezwungen waren. Die unaufhörlichen alliierten Luftangriffe hatten zusammen mit der gravierenden Knappheit an Treibstoff und Reserven die Ardennenoffensive letzten Endes zum Stehen gebracht.

Oben: Bei der Ardennenoffensive spielten die vier Armeen von Feldmarschall Walter Models Heeresgruppe B die Hauptrolle. Die 15. Armee sollte an den Operationen nicht teilnehmen, die drei anderen Armeen in Models Heeresgruppe waren aber kampfbereit. Hitler sorgte dafür, dass für diesen wichtigen Angriff die besten unter den SS-Divisionen zum Einsatzt kamen. Die neu ausgerüsteten SS-Panzerdivisionen »Leibstandarte«, »Das Reich«, »Hohenstaufen« und »Hitlerjugend« bildeten das I. und II. SS-Panzerkorps der 6. SS-Panzerarmee. Das war das erste Mal, dass Deutschland eine ganze Armee ins Feld geschickt hatte, die aus SS-Truppen bestand.

Angesichts der enormen Zahl alliierter Kräfte, die in den Ardennen im Einsatz standen, musste Hitler langsam erkennen, wie viel im Westen auf dem Spiel stand. Am 8. Januar gab Hitler widerwillig den Befehl, die vorderen Einheiten auf eine Linie zurückzunehmen, die von Dochamps nach Süden in den Raum Samrée-Baraque de Fraiture nach Longchamps verlief, das 8 km nördlich von Bastogne lag. Von noch größerer Bedeutung war, dass Hitler der mächtigen Elitepanzerdivision der SS den Befehl erteilte, in die Defensive zu gehen. Die 6. Panzerarmee wurde auf Hitlers persönlichen Befehl in Reserve gestellt. Auch die Reste seiner besten Kampftruppe, der »Leibstandarte Adolf Hitler«, rief er von Bastogne zurück. Nun musste auch Hitler sich eingestehen, dass aus seiner »Wacht am Rhein« wohl eher eine »Götterdämmerung« wurde. Der Führer hatte den Vormarsch der Westalliierten nach Deutschland im Grunde genommen um nicht mehr als fünf Wochen verzögern können. Sein letztes Hasardspiel, bei dem er einige der stärksten Verbände der Wehrmacht und Waffen-SS eingesetzt hatte, war fehlgeschlagen. Ende Januar 1945 waren die Deutschen wieder da, wo sie sechs Wochen zuvor begonnen hatten.

Oben: Ein MG-Trupp der Waffen-SS bezieht während der Ardennenoffensive eine geschützte Stellung. Am 16. Dezember 1944 wurde in der Ortschaft Manderfeld ein paar Kilometer nördlich von St. Vith die amerikanische 14th Cavalry Group von der 18. Volksgrenadierdivision und der zur »Leibstandarte« gehörenden Kampfgruppe Peiper angegriffen. Obersturmbannführer Joachim »Jochen« Peiper war ein rücksichtsloser Panzerkommandant, der seine Männer mit äußerster Angriffslust durch die Ardennen trieb. Ihm standen rund 100 Panzer IV und Panther zur Verfügung, dazu noch eine schwere Abteilung von 42 Tigern. Das 3. Bataillon des 2. SS-Panzergrenadierregiments, das zum überwiegenden Teil mit Sturmgeschützen und nicht mit Panzern ausgerüstet war, gab Peipers Kampfgruppe eine starke motorisierte Infanterieunterstützung. Durch den Beschuss mit Artilleriegeschützen, Panzern, Granatwerfern und Maschinengewehren verwandelte Peipers Infanterie Manderfeld in einen Kessel aus Feuer und Rauch. Da der Gegner in der Überzahl und stärker bewaffnet war, verließ die unerfahrenen amerikanischen Soldaten bald der Mut und sie flüchteten vor dem Blutbad, das ihnen die zähesten und brutalsten Kämpfer in der ganzen SS bereiten würden.

Rechts: In dem verzweifelten Versuch, die immer geringeren deutschen Erfolge in den Ardennen zu stützen, warf Hitler weitere Kräfte in die Kämpfe und befahl den Start einer neuen Offensive im Elsass. Berichte des Nachrichtendienstes deuteten darauf hin, dass die amerikanischen Linien ausgedünnt worden waren, um Verstärkungen in den Norden des Frontbogens zu senden. Hier erteilt ein Ausbilder zwei jungen Soldaten unmittelbar vor dem Einsatz Anweisungen für die Kriegsführung im Gebirge. Das Unternehmen »Nordwind« wurde am 1. Januar 1945 mit acht Divisionen gestartet, darunter die 17. Panzergrenadierdivision »Götz von Berlichingen«, die 6. SS-Gebirgsdivision und die 10. SS-Panzerdivision »Frundsberg«. Doch außer enormen Verlusten an Männern und Ausrüstung erreichte sie nichts.

Oben: Eine Gruppe von SS-Soldaten nimmt die belagerte Stadt Bastogne unter Beschuss. Die Männer sind mit Karabinern 98k und MP 40 bewaffnet, ein Soldat wechselt gerade den Lauf seines MG 34. Bastogne war ein wichtiger Verkehrsknotenpunkt, über dessen Bedeutung sich beide Seiten bewusst waren. Die Amerikaner wussten, dass wenn es gelang, Bastogne zu halten, die Chancen eines deutschen Vorstoßes bis zur Maas ernsthaft herabgesetzt wären. Als Vorbereitung für die Operationen im verschneiten Gelände um Bastogne strichen die meisten Truppen der Wehrmacht und der Waffen-SS ihre Panzer und anderen Fahrzeuge weiß und ihre Grenadiere zogen weiße Tarnjacken an. Die Kämpfe um die Stadt waren heftig, beide Seiten erlitten beträchtliche Verluste. Vor Beginn der Belagerung waren die Verteidiger jedoch durch die »Screaming Eagles« der 101. Luflandedivision verstärkt worden, und diese Elitefallschirmjäger reichten aus, um die Deutschen zurückzuhalten. In einem letzten verzweifelten Versuch, in Bastogne einzubrechen, wurde aus der geschwächten »Leibstandarte«, die von der Front der 6. Panzerarmee kam, und der 167. Volksgrenadierdivision, die erst kürzlich Kampferfahrungen an der Ostfront gesammelt hatte, eine starke Kampfgruppe gebildet. Aber das reichte nicht: Die Amerikaner hielten Bastogne.

Oben: Ein SS-Kradfahrer in den Ardennen hält, um seine Position zu überprüfen. Obwohl die deutsche Offensive für die Alliierten und die schwachen amerikanischen Kräfte, die die Front im Ardennen-Abschnitt hielten, völlig überraschend kam, besaßen die Deutschen nie wirklich die Ressourcen – oder den Treibstoff –, um die Situation auszunutzen. Hitlers grandioser Plan, einen Keil zwischen die alliierten Kräfte zu treiben und Antwerpen einzunehmen, war zum Scheitern verurteilt. Der tiefste Vorstoß – etwa 96 km – war der 2. Panzerdivision gelungen, aber sie erreichte ihr Hauptziel, die Maas, nicht. Die Kampfgruppe Peiper, die den Vorstoß anfangs angeführt hatte, war durch immer stärkere alliierte Kräfte zum Stehen gebracht worden. Peipers Panzer und Grenadiere waren erst 48 km vorgedrungen, als sie in eine Reihe von Kämpfen im Raum La Gleize und Stoumont verwickelt wurden. Mit wenig Munition, keinem Treibstoff und einem Gegner, der in immer größerer Zahl auf dem Schlachtfeld auftauchte, verschlechterte sich Peipers Lage. Am Heiligen Abend befahl der SS-Kommandeur die Zerstörung der verbliebenen Fahrzeuge, dann trat er mit 800 Überlebenden den langen Rückzug zur Ausgangslinie an, die sie kurze Zeit zuvor verlassen hatten.

Unten: Eine SS-Nebeltruppe, die den Angriff auf Bastogne unterstützt, beim Laden einer Batterie von 15-cm-Panzerwerfern 42, die mit zehn Rohren bestückt und auf Halbkettenfahrzeugen montiert waren. Raketen waren gefürchtete Waffen und wurden an der Ostfront in großer Zahl verwendet. Ihr typisches Geräusch begleitete bei Tagesanbruch am 30. Dezember den letzten deutschen Versuch, die Stadt einzunehmen. Die heftigen Kämpfe dauerten den ganzen Tag an, wobei die Amerikaner Panzer, Jagdbomber und schwere Artillerieunterstützung einsetzten. Während der Schlacht verlor die »Leibstandarte« 30 Panzer, und die Panzergrenadiere der Division mussten harte Schläge einstecken. Als die Kämpfe bis Neujahr anhielten, bemerkte ein deutscher Fallschirmjäger: »Der Gegner hat erbittert Widerstand geleistet und massenweise Artillerie und Panzer eingesetzt. Wir erlitten schwere Verluste. Über uns verdunkelten feindliche Jagdbomber und Artilleriebeobachtungsflugzeuge den Himmel. Sie griffen jedes Fahrzeug und alles an, was sich auf Straßen und offenen Feldern bewegte. Einige von uns gingen hinter einem Haus in Deckung, wo wir Verwundete der ›Leibstandarte‹ entdeckten, die dort Schutz suchten.«

Rechts: Ein SS-MG-Schütze mit Wintertarnjacke gibt vorrückenden deutschen Infanteristen Deckung. Ein StuG. III Ausf. G ist in der Ferne zu sehen. Als die Treibstoffvorräte drastisch zurückgingen, entschieden sich die Besatzungen für das sparsame StuG. III, um einsatzfähig zu bleiben. In dieser Phase des Krieges benötigten die motorisierten SS-Infanteriedivisionen mehr Panzer als produziert werden konnten. Da das Sturmgeschütz billiger und schneller zu bauen war als ein Panzer, wurden viele als Panzerersatz verwendet. Es war zwar weniger vielseitig als die Panzer mit ihren Türmen, aber das Sturmgeschütz erwies sich, besonders in der frühen Phase der Ardennenoffensive, als eine effektive Waffe. Wenn die Treibstoffvorräte aufgebraucht waren, wurden sie zu einem leichten Ziel für alliierte Panzer, Jagdpanzer und mit Bazookas bewaffneter Infanterie.

Oben: Einer der wenigen noch einsatzfähigen deutschen Panzer in den Ardennen nach dem Scheitern des Unternehmens »Wacht am Rhein« mit Ästen und Laub getarnt. Die Tarnung des Panzers war ein wichtiger Schutz vor alliierten Luftangriffen. Die ersten Phasen der deutschen Offensive waren bei Schlechtwetter unter bewölktem Himmel durchgeführt worden, als aber am 23. Dezember der Himmel über den Ardennen aufriss, flogen die alliierten taktischen Flugzeuge über 7000 Einsätze in nur vier Tagen. »Die Angriffe aus der Luft«, schrieb ein SS-Offizier, »waren so stark, dass sogar einzelne Fahrzeuge nur durchkommen konnten, wenn sie immer wieder in Deckung gingen.« Beim Panzer handelt es sich um einen Pz.Kpfw. IV Ausf. H mit einer 7,5-cm-KwK mit langem Rohr. Als dieses Foto Anfang Januar 1945 aufgenommen wurde, gab wohl eher die Moral der Männer als der Mangel an Panzern Grund zur Sorge. Die noch übrigen SS-Einheiten waren von den ständigen Kämpfen erschöpft. Das anfängliche Selbstvertrauen, das auf früheren Erfolgen beruhte, verflog, als fehlende Rationen, Schlafmangel und der ständige Beschuss von alliierter Seite ihnen die Energie raubte.

Oben: Eine Batterie von Geschützen auf Selbstfahrlafette »Wespe«, in aller Eile von der Ostfront verlegt, um die sich auflösende deutsche Front im Westen zu stützen, macht sich bereit zum Feuern. Sämtliche Fahrzeuge tragen einen weißen Tarnanstrich, den sie höchstwahrscheinlich schon während des Ostfronteinsatzes erhalten haben. Alle 10,5-cm-leFH 18/2 L/28 befinden sich in erhöhter Feuerposition. Die Hauptwaffe der »Wespe« hatte einen Schwenkbereich von 17 Grad nach rechts und nach links. Die Haubitze hatte eine maximale Reichweite von 4120 m. Der Fahrbereich des Fahrzeugs lag bei 200 km auf der Straße und 113 km im Gelände. Das machte die »Wespe« zu einem ziemlich anpassungsfähigen Fahrzeug, vor allem in den Hügeln der Ardennen. Während der Offensive kam sie bei den Artilleriebataillonen der SS-Panzerdivisionen zum Einsatz.

Oben: Eine seltene Aufnahme von Soldaten der 12. SS-Panzerdivision »Hitlerjugend« beim Abfeuern einer 7,5-cm-Kanone während der Eröffnungsphase der Ardennenoffensive im Dezember 1944. Die Division »Hitlerjugend« sollte am vorbereitenden Bombardement auf die amerikanischen Stellungen teilnehmen, bevor Panzer und Truppen durch den kalten nebligen Morgen des 16. Dezember ins Gefecht gingen. Die amerikanischen Kräfte wurden vom Angriff völlig überrumpelt und von den überlegenen Truppen der »Hitlerjugend« und anderen Waffen-SS-Einheiten bei der Ortschaft Rocherath überrannt. Aber trotz ihres Anfangserfolges in diesem Gebiet wurde die 12. SS-Division bald in einer Zermürbungsschlacht aufgerieben. Am 20. Dezember hatte sich die Division östlich von Rocherath und Krinkelt eine blutige Nase geholt. Um Bastogne kämpfte eine beträchtliche Zahl von Soldaten der »Hitlerjugend« mit Todesverachtung, um in die verwüstete Stadt durchzubrechen, aber ihre Anstrengungen waren vergeblich.

Unten: SS-Grenadiere sind gezwungen, sich unter dem großen Druck der Amerikaner aus dem Ardennengebiet zurückzuziehen. Ein weiß gestrichener Pz.Kpfw. IV Ausf. H mit intakten Schürzen gibt Panzerunterstützung. In der frühen Phase der Ardennenoffensive zeichnete sich der Panzer IV in schweren Kämpfen aus und war ein bedeutender Teil der Stärke der SS-Panzerregimenter. Es war sogar dieser Panzertyp hier, der die Truppen durch die Ardennen anführte. Die Kampfgruppe Peiper hatte sowohl Panzer IV als auch Panther im Einsatz. Im Gegensatz zum größeren und schwereren Panther wurde der Pz.Kpfw. IV als geeigneter für das felsige Gelände angesehen, über das Peiper seine SS-Angriffsspitze führen musste. Das Fahrzeug brauchte außerdem viel weniger Treibstoff als der Panther oder der monströse Königstiger, was doch ein wesentlicher Faktor war.

Links: Ein 15-cm-Panzerwerfer 42 auf Selbstfahrlafette Sd.Kfz. 4/1 irgendwo in den Ardennen, Anfang Januar 1945. Der mit zehn Rohren bestückte Nebelwerfer ist auf ein Halbkettenfahrzeug »Maultier« montiert, der gepanzerten Version des standardmäßigen Opel-Fahrgestells, bei dem Ketten die Räder ersetzen. Die vom Sd.Kfz. 4/1 abgefeuerten Raketen hatten eine Reichweite von 6700 m und erwiesen sich in der Bekämpfung von Flächenzielen wie Truppen und Konvois aus ungepanzerten Fahrzeugen als äußerst wirkungsvoll. Die Sprengwirkung war so groß, dass ein Direkttreffer eine feindliche Panzerbesatzung in ernsthafte Schwierigkeiten bringen konnte. Das Sd.Kfz. 4/1 diente zur Ausrüstung der Nebelwerferbrigaden an allen Fronten. Ein SS-Bataillon bestand gewöhnlich aus vier Batterien mit sechs 15-cm-Raketenwerfern, also insgesamt 24 Werfern und 144 Rohren.

Unten: Eine Gruppe von Jagdpanzern »Nashorn« Anfang Januar 1945. Das »Nashorn« war mit einer 8,8-cm-Pak 43/1 L/71 mit langem Rohr und hoher Mündungsgeschwindigkeit bestückt, die sich in einem leicht gepanzerten rückwärtigen Kampfraum auf einem umgeänderten Fahrgestell eines Pz.Kpfw. III/IV befand. Der oben offene Kampfraum konnte bei Schlechtwetter mit Leinwand abgedeckt werden. Die Kanone hatte auf 2000 m Entfernung eine Durchschlagsleistung von über 15 cm bei einem geneigten Auftreffwinkel, was bedeutete, dass sie die meisten alliierten Panzer zerstören konnte. Die »Nashörner« standen bei den Panzerjäger-Abteilungen des Heeres im Einsatz, gaben aber auch den SS-Panzereinheiten die nötige weit reichende Feuerunterstützung. Bei mehreren Gelegenheiten an der Ostfront zerstörten die »Nashorn«-Besatzungen sowjetische T-34 auf Entfernungen von bis zu 4500 m, und der einzige im Gefecht zerstörte schwere US-Panzer Pershing M26 ging ebenfalls auf das Konto eines »Nashorns«.

Unten: Geschütze auf Selbstfahrlafetten »Hummel« werden für den Einsatz im Westen auf Eisenbahnwagen verladen. Wie das »Nashorn« basierte die »Hummel« auf einem umgebauten Fahrgestell des Panzers III/IV. Sie war mit einer standardmäßigen 15-cm-sFH bestückt. Um das Gewicht möglichst gering zu halten, wurde die mitgeführte Munition jedoch auf 18 Granaten beschränkt. Diese Selbstfahrlafette war in den Ardennen eigentlich nicht üblich, wurde der SS jedoch in kleiner Stückzahl zugeteilt. Sechs Exemplare wurden der einzigen schweren Batterie auf Selbstfahrlafette zugeteilt, die jeder Panzerdivision des Heeres und der Waffen-SS angegliedert war. Es wurden praktisch sämtliche Fahrzeuge bei den umfassenden alliierten Jagdbomberangriffen zerstört.

Rechts: Eine interessante Aufnahme eines StuG. III Ausf. G der Waffen-SS im Gefecht gegen amerikanische Stellungen im Januar 1945. In dieser Phase der Kämpfe waren die deutschen Panzerspitzen, in denen wegen unterbrochener Verbindungswege und Treibstoffmangel Verwirrung herrschte, zum Stehen gekommen. Die Alliierten unternahmen schnell eine Umgruppierung ihrer Kräfte zum Aufbau einer starken Verteidigungslinie und machten Pläne für ihren Vormarsch nach Osten. SS-Soldaten und Panzerbesatzungen standen pausenlos im Kampf gegen den Feind und hatten enorme Verluste, nur um ein paar Kilometer dahinter wieder auf frische und bestens ausgerüstete amerikanische Truppen zu treffen. Hitler befahl die Verstärkung von Manteuffels Armee, die damals bei Celles, nur ein paar Kilometer von der Maas entfernt, liegen geblieben war. Aus diesem Grund wurden die 9. Panzerdivision und die 15. Panzergrenadierdivision aus der Reserve genommen. Der Versuch schlug jedoch fehl wegen einer anhaltenden Gegenoffensive des VII. US-Korps, das unter dem Befehl von General »Lightning Joe« Collins stand. Dieser Misserfolg auf deutscher Seite markierte einen Wendepunkt in der Offensive: Von jetzt an gaben die alliierten Armeen das Tempo der Operationen vor.

Oben: SS-Panzergrenadiere in einem Schützengraben in der letzten Phase der Ardennenoffensive. Das Sehrohr ermöglichte eine Beobachtung des Gegners bei einem minimalen Risiko, vom Feindfeuer getroffen zu werden. In dieser Phase des Feldzugs waren die Deutschen völlig in die Defensive gedrängt oder zum Rückzug gezwungen. Angesichts der enormen Zahl in den Ardennen eintreffender alliierter Verstärkungen musste sogar Hitler einsehen, wie aussichtslos der Krieg im Westen geworden war. Am 8. Januar 1945 gab er widerwillig den Befehl zum Rückzug auf eine Linie, die von Dochamps nach Süden in den Raum Samrée-Baraque de Fraiture nach Longchamps verlief, das 8 km nördlich von Bastogne lag. Von noch größerer Bedeutung war der Befehl an die mächtige Elitepanzerdivision der SS, in die Defensive zu gehen. Die 6. Panzerarmee wurde auf Hitlers persönlichen Befehl in Reserve gestellt. Auch die Reste seiner bevorzugten Kampfmaschine, der »Leibstandarte Adolf Hitler«, beorderte er von Bastogne zurück.

DIE VERTEIDIGUNG DES REICHES

Obwohl die Soldaten ihr Bestes gaben, hatte das Reich der überlegenen Feuerkraft der vorrückenden alliierten Armeen nichts mehr entgegenzusetzen.

Nach dem fast unweigerlichen Scheitern der Ardennenoffensive mussten selbst die fanatischsten Anhänger Hitlers der Wahrheit ins Auge sehen. Die deutschen Streitkräfte hatten ihr Pulver verschossen, und die Wehrmacht verfügte nicht mehr über die Stärke, die Alliierten aufzuhalten. Auf dem Schlachtfeld draußen erkannten die Truppen, die die Grenzen ihres Vaterlands, ihres Heimatlands, verteidigten, dass der Krieg verloren war, wenn kein Wunder geschah, obwohl dies nur selten offen zugegeben wurde. Selbst die Fanatiker in der SS verloren ihren Glauben an einen deutschen Sieg. Mit einer viel zu kleinen Zahl an Waffen und Männern waren die Infanterie- und Panzerdivisionen der Wehrmacht nur noch ein Schatten ihrer selbst. In der Not wurden alte Männer des Volkssturms und Kindersoldaten der Hitlerjugend

Links: Die SS-Bedienung einer 2-cm-Flak 38 im Einsatz an der Westfront des Reiches. Im Januar 1945 kämpfte Hitlerdeutschland ums Überleben. Das Reich, das tausend Jahre hätte dauern sollen, erlebte nun im Osten und Westen eine Invasion. Es standen immer noch rund eine Million Mann – auch Frauen und Kinder – unter Waffen, doch über vier Millionen Menschen waren seit Kriegsbeginn bei den Kämpfen getötet worden. Nach der Niederlage in den Ardennen wusste Hitler, dass neue Strategien nötig waren, um mit dieser Bedrohung von beiden Seiten fertig zu werden.

neben erfahrenen Soldaten und Elitetruppen der SS in die Kämpfe geworfen.
Ende November 1944 hatten sich britische und amerikanische Kräfte bis ins Elsass durchgeschlagen, und die deutsche 19. Armee war auf behelfsmäßige und schwache Verteidigungsstellungen am linken Rheinufer zurückgewichen. Unmittelbar vor der Ardennenoffensive war Reichsführer SS Heinrich Himmler zum Oberbefehlshaber der Heeresgruppe Oberrhein ernannt worden. Himmler begann fast sofort mit der Bildung einer Abwehrfront, mobilisierte Einheiten aus seinem Ersatzheer von der Ostfront und verstärkte die Heeresgruppe Oberrhein.
Anfang Januar 1945 setzte eine schnell zusammengestellte Truppe aus Nachzüglern, Angehörigen des Volkssturms und der Hitlerjugend, Zollbeamten, Flak-Helfern und Bataillonen von Nicht-Deutschen aus dem Osten, unterstützt von ein paar SS-Einheiten, nur ein paar Kilometer von Straßburg zu einem ehrgeizigen Angriff mit zwei Divisionen an. Am 20. Januar starteten die Alliierten jedoch einen Gegenangriff und rollten Himmlers Brückenkopf westlich des Rheins auf. Innerhalb von vier Wochen war die Offensive des Reichsführers im Westen vorbei, und die noch überlebenden Truppen wurden unter gewaltigen Verlusten über den Rhein zurückgeschlagen.
Im März wurden die deutschen Verteidigungskräfte entlang des Rheins von den Alliierten in zwei Teile aufgespaltet, und zahlreiche Rheinübergänge ließen die Vernichtung der deutschen Kräfte im Westen befürchten. Die Kämpfe tobten weiter, als die Alliierten immer tiefer in das Innere eines zerbombten und verwüsteten Reiches vorstießen. Während britische und kanadische Kräfte durch Norddeutschland Richtung Hamburg stießen, begannen die 9. und 1. US-Armee mit einer großen Umfassung des Ruhrgebiets, die schließlich am 1. April 1945 abgeschlossen war und rund 325.000 Mann der Heeresgruppe B von Walter Model zur Kapitulation zwang.
In anderen Abschnitten der Westfront leisteten Einheiten der Wehrmacht und Waffen-SS auf ihrem Rückzug weiterhin Widerstand. Hier standen die alliierten Truppen im Kampf gegen Gruppen fanatischer deutscher Soldaten, die entschlossen waren, ihre Stellungen um jeden Preis zu halten. Und dieser Preis war hoch, besonders weil die Reihen der Wehrmacht nun mit schnell zusammengestellten Formationen aufgefüllt wurden, die höhere Verluste erlitten als die regulären Einheiten. Der Grund dafür war, dass es ihnen sowohl an Erfahrung als auch an fähigen Kommandeuren fehlte. Wann immer sie in den Kampf geworfen wurden, waren sie auf die Unterstützung oder Erfahrung der neben ihnen kämpfenden erfahrenen Einheiten der Wehrmacht oder SS angewiesen.

Kleine Gruppen von Fanatikern, die Geißel und der Schrecken der Zivilbevölkerung, kämpften bis zum Ende. Doch nach und nach verloren die meisten in der SS den Kampfwillen.

Die neu rekrutierten Männer konnten die immer schlimmere Lage jedoch auch nicht mehr retten, und auch nicht die neuen Waffen, die in der letzten Kriegsphase in Dienst gestellt wurden. Sturmgeschütze und Jagdpanzer ließen sich günstiger und schneller produzieren als Panzer und wurden in den SS- und Wehrmachts-Divisionen als Panzerersatz eingesetzt. Sie waren zwar für den Abwehrkrieg geeignet, machten aber keinen Unterschied mehr aus. Anfang 1945 konnten nicht einmal die Eliteeinheiten der SS im Westen die mehr als ungleichen Chancen ausgleichen. Verschlimmernd kam noch hinzu, dass der Großteil der fähigsten Divisionen von Heer und Waffen-SS an der Ostfront festgenagelt war. Einige wurden in dem sinnlosen Versuch geopfert, die ungarischen Ölfelder zurückzuerobern, andere bei dem Versuch, die Rote Arme zurückzuhalten, die unaufhaltsam auf die Oder zustieß.
Die im Osten stehenden Divisionen erhielten Deutschlands neueste und effektivste Ausrüstung. Aber die SS von 1945 hatte nicht mehr viel mit der relativ kleinen, handverlesenen, reinrassigen Elite zu tun, die in Polen und Frankreich gekämpft hatte. Die SS von 1945 war beinahe eine Million Mann stark und zählte viele freiwillige nicht-deutsche Verbände, die in den letzten Kriegsmonaten mangelhaft ausgebildet und äußerst unerfahren waren. Sogar die Elite der SS-Veteranen, die sich mit großem Elan und Zähig-

Oben: Obwohl die Alliierten die Reichsgrenzen teilweise überschritten hatten, waren SS-Einheiten entschlossen, den Kampf bis zum bitteren Ende fortzuführen. Hier rückt im Januar 1945 eine Batterie von »Hummeln«, Haubitzen auf Selbstfahrlafetten, durch die verschneite Landschaft vor. In diesem Monat stellte Reichsführer SS Heinrich Himmler eine Truppe aus Nachzüglern, Angehörigen des Volkssturms, der Hitlerjugend, Zollbeamten, Flak-Helfern und Bataillonen aus Nicht-Deutschen aus dem Osten zusammen, die von wenigen SS-Einheiten Unterstützung erhielten. Himmler verfügte über keinerlei militärische Erfahrung und war vollkommen unfähig, ein Bataillon zu kommandieren, geschweige denn eine ganze Heeresgruppe. Seine aussichtslose Offensive war von vornherein zum Scheitern verurteilt, und als dann die unvermeidlichen Gegenangriffe der Alliierten folgten und die dünnen deutschen Stellungen durchbrochen wurden, erklärte der Reichsführer, er sei krank, und zog sich wegen eines Magenleidens in ein Sanatorium zurück. Im März waren die direkt auf das deutsche Herzland zustoßenden britischen und amerikanischen Armeen im Begriff, in großer Zahl den Rhein zu überschreiten.

keit durch die Normandie, die Ardennen, Arnheim und dann an die Reichsgrenzen gekämpft hatte, war nur noch ein Schatten ihrer selbst.

Die deutschen Truppen wurden langsam von Osten und Westen in die Zange genommen. Am Abend des 11. April erreichte die 9. US-Armee die Elbe. Bei Magdeburg gelang einer Panzerdivision die Errichtung eines Brückenkopfs am anderen Elbeufer, und am nächsten Tag errichtete eine amerikanische Division einen bei Barby. Als die amerikanischen Kräfte den Brückenkopf am 14. April ausweiteten, trennten sie nur 8 km von den deutschen Linien vor Berlin. Die Niederlage schien nun unmittelbar bevorzustehen, und den letzten desolaten Verbänden von Wehrmacht und Waffen-SS blieb nur noch, im Osten bis zum Letzten zu kämpfen, um einer möglichst großen Zahl von Deutschen die Flucht in den relativ sicheren Westen zu ermöglichen, wo sie sich den nahenden Anglo-Amerikanern ergeben konnten.

Links: Die Männer einer Nebeltruppen-Brigade bereiten die Munition für ihren schweren 15-cm-Nebelwerfer 41 vor. Dieser mit sechs Rohren bestückte Raketenwerfer war auf die Lafette einer 3,7-cm-Pak 35/36 montiert. Der Nebelwerfer war eine Infanterieunterstützungswaffe, die die für einen erfolgreichen Angriff oder eine erfolgreiche Verteidigung notwendige direkte oder indirekte Unterstützung gab. Der Nebelwerfer konnte mit vernichtender Wirkung eingesetzt werden und richtete bei einem Direkttreffer immensen Schaden an. Im Januar 1945 waren unabhängige SS-Nebelwerfer-Brigaden im Westen eher eine Seltenheit, da sie hauptsächlich im Osten gegen den gewaltigen russischen Ansturm eingesetzt wurden.

Oben: Eine 8,8-cm-Flak und einige Unterstützungsfahrzeuge auf einer Straße im Februar 1945. In den westlichen Teilen Deutschlands, besonders in Großstädten wie Köln, waren viele Einwohner nun bereit, die militärische Fremdbesatzung in Kauf zu nehmen, wenn dafür die alliierten Bombenangriffe auf Heime und Fabriken eingestellt wurden. Es gab jedoch immer noch zahlreiche Hochburgen von Parteitreuen, die um jeden Preis Widerstand zu leisten entschlossen waren. Die Stellungen am Rhein waren schwer befestigt und verstärkt. Die Soldaten errichteten Panzerfallen oder stellten schwere Flak-Geschütze auf den Hauptstraßen auf. Ein Teil der SS-Soldaten wurde speziellen Sprengtrupps der Pioniere zugeteilt, deren Aufgabe die Zerstörung von Brücken war, während andere Dörfer und Kleinstädte terrorisierten, indem sie sie mit Parolen überschwemmten, die die Bevölkerung davor warnten, dass jeder Versuch, sich dem Feind zu ergeben, mit dem Tod bestraft würde.

Rechts: Ein Trupp von SS-Panzergrenadieren bezieht für einen örtlich begrenzten Gegenangriff auf die Alliierten eine Verteidigungsstellung. Die MG 42-Schützen unterstützen zwei mit Turmblenden und Seitenschürzen ausgestattete späte Ausführungen von Pz.Kpfw. IV. Im Januar/Februar 1945 verfügte das rasch schrumpfende Reich über bessere Panzer als je zuvor, aber es fehlte an ausreichend ausgebildeten Besatzungen. Als alle Reserven aufgebraucht waren, war die Panzerwaffe nur noch ein Schatten ihrer selbst. Sie verfügte praktisch über keine Munitions- und Treibstoffvorräte mehr. Immer mehr Panzerfahrzeuge wurden als locker organisierte und bunt zusammengewürfelte Formationen für den Fronteinsatz herangezogen.

Oben: Eine Einheit von StuG. III bereitet sich im Januar 1945 auf das Gefecht im Westen vor. Es kam nur selten vor, dass sich Fahrzeuge wie hier im offenen Gelände formierten, da dies einer Einladung an die alliierten Jagdbomber gleichkam, die sich frei am Himmel über dem deutschen Reich bewegen konnten. Durch die alliierte Luftüberlegenheit war jede Bewegung bei Tag mit einem großen Risiko verbunden. Luftangriffe stellten jedoch nicht die einzige Gefahr dar. Zu dieser Zeit lag die deutsche Industrie- und Transportinfrastruktur in Trümmern, und Treibstoff war Mangelware. Das bedeutete, dass viele Fahrzeuge einfach aufgegeben werden mussten, wenn ihnen der Treibstoff ausging. Obwohl das Ende unabwendbar war, kämpften die meisten deutschen Panzereinheiten bis in die letzten Tage weiter. Es bestand aber ein Unterschied zwischen Ost- und Westfront: Im Westen ergaben sich die Einheiten meist, wenn ihnen der Treibstoff ausging. Im Osten setzten die Einheiten dagegen den Kampf meist als Infanterie fort, bevor sie einen Rückzug Richtung Westen versuchten, um sich den Amerikanern oder Briten zu ergeben.

Oben: Eine ungewöhnliche Aufnahme von einem SS-Kradfahrer mit Pelzkappe und einem nicht standardmäßigen pelzgefütterten Mantel. Die Gasmaske trägt er nicht wegen der Gefahr eines Gasangriffs, sondern höchstwahrscheinlich um sein Gesicht vor der Kälte zu schützen, denn im Januar 1945 herrschten am Rhein niedrige Temperaturen. Ende 1944 wurde die deutsche Bevölkerung immer noch mittels Propagandaplakaten aufgerufen, nicht benötigte Winterkleidung für die tapferen Frontsoldaten zu spenden. Gegen Kriegsende herrschten in Deutschland chaotische Zustände, und Winterkleidung wurde nicht mehr produziert oder verteilt. Es blieb daher jedem einzelnen Soldaten überlassen, entweder zivile Kleidungsstücke zu tragen oder sich warme Ausrüstung von den Leichnamen der Gefallenen zu »besorgen«.

Oben: SS-Soldaten, die noch in aller Eile rekrutiert wurden, bei einer Übung mit einer 7,5-cm-Pak 40. Anfang 1945 wurden an den Ausbildungsschulen kleine Pak-Einheiten aus jungen Männern gebildet, die sofort in den Kampf geworfen wurden und oft einen hohen Preis für ihre Unerfahrenheit zu zahlen hatten. Einige dieser improvisierten Pak-Einheiten wurden am Rhein stationiert in dem sinnlosen Versuch, die Alliierten von einer Überschreitung des Flusses abzuhalten. Innerhalb weniger Wochen wurden die Reste von Himmlers bunter Schar abgekämpfter Rekruten und alter Männer unter massiven Verlusten über den Rhein zurückgedrängt. Bald hatten die Alliierten den Rhein an zwei Stellen überquert, die Briten stießen in Richtung Hamburg vor und die Amerikaner näherten sich der Ruhr.

Rechts: Die Mannschaft einer 2-cm-Flak 38 sichert eine Straße nördlich von Hamburg. Im bewaldeten Gebiet dieser Region durchstreiften kleine Gruppen hartgesottener SS-Trupps und im Untergrund kämpfende Gruppen, die so genannten »Werwölfe«, die Gegend, griffen aus dem Hinterhalt an oder zerstörten alliierte Fahrzeuge. Sie brachten über den Straßen Drähte an, die zur »Enthauptung« dienten, legten Minen und drohten der örtlichen Bevölkerung mit Hinrichtungen, wenn sie den Briten Informationen zukommen ließen. Es wurden spezielle Flugblätter mit detaillierten Anweisungen für die nationale Verteidigung verteilt. Die Bevölkerung wurde aufgerufen, dem Feind so viel wie möglich wegzunehmen, denn seine Frontlinien waren von der Versorgung aus dem Hinterland abhängig. Je mehr man ihm nahm, desto mehr tat man für sein eigenes Land. Die NS-Regierung strebte also einen Partisanenkrieg der Massen an. In den Augen Berlins sollte die SS in diesem Überlebenskampf eine bedeutende Rolle spielen.

Oben: Ein Soldat unterweist Neuzugänge im Umgang mit der Panzerfaust. Mit dieser einfachen Waffe stand nicht nur den SS-Grenadieren eine gute Panzerabwehrwaffe zur Verfügung, sondern sie eignete sich aufgrund ihrer einfachen Handhabung auch zur Bewaffnung von Angehörigen des Volksturms, der Hitlerjugend und Zivilisten. Eine Anzahl von SS-Soldaten wurden dazu abkommandiert, die Rekruten von Volkssturm und Hitlerjugend mit der Panzerfaust, Mauser-Gewehren, Maschinengewehren und Handgranaten vertraut zu machen. Im gesamten deutschen Gebiet wurden Männer zwischen 16 und 60 Jahren, die in der Lage waren, das Vaterland mit Waffen zu verteidigen, in die Rekrutierungsstellen beordert, um sich dem Volkssturm anzuschließen. Auch jene waren nicht ausgenommen, die ursprünglich aus medizinischen Gründen als untauglich für den Frontdienst eingestuft worden waren. Diese Volkssturm-Einheiten waren deutlich benachteiligt, wenn sie gegen die erfahrenen alliierten Armeen in den Kampf geworfen wurden, die von West und Ost angriffen.

Rechts: Ein Wehrmachtsoffizier unterhält sich mit einem SS-Panzergrenadier auf einem Halbkettenfahrzeug Sd.Kfz. 251. Nachdem die Verteidigungsstellungen am Rhein durchbrochen waren, stießen die alliierten Kräfte immer tiefer nach Deutschland vor. Das Ziel der Alliierten war das Ruhrgebiet, um das sich die Zangenarme der 1. und 9. Armee am 1. April 1945 bei Lippstadt schlossen. Durch diese massive Umfassung war der Zugang zum industriellen Kerngebiet des Ruhrgebiets gegeben und der Hauptteil der deutschen Heeresgruppe B wurde eingeschlossen. Der Befehlshaber der Heeresgruppe, Feldmarschall Model, zog es vor, sich zu erschießen anstatt sich dem Feind zu ergeben. Über 325.000 Mann und weitere 100.000 Soldaten der Flak-Batterien, die das Ruhrgebiet gesichert hatten, gingen in Gefangenschaft.

Oben: Vor dem im Hintergrund zu sehenden Konvoi von Halbkettenfahrzeugen legt eine Gruppe aus Wehrmachts- und SS-Soldaten im März 1945 irgendwo im Westen Deutschlands eine Rast ein. Der Straßengraben soll einen minimalen Schutz vor alliierten Luftangriffen bieten. Manche Soldaten tragen die wattierte, wendbare Einheits-Kapuzenjacke mit SS-Rauchtarnmuster in Herbstfarben. Die restlichen Männer tragen die für den Winter ausgegebenen Parkas und Überhosen. Dieser wattierte grau-weiße Anzug war bei Wehrmacht und Waffen-SS üblich und war die erste richtige wendbare Uniform, die dem Träger sowohl Tarnung als auch Kälteschutz bot. In dieser Kriegsphase, als Militärkleidung Mangelware war, die Quartiermeisterabteilung praktisch nicht mehr existierte und es keine verlässlichen Transportmittel mehr gab, trugen die meisten Soldaten sowohl Wehrmachts- als auch SS-Winterbekleidung.

Rechts: Die alliierten Luftangriffe auf Deutschland dauerten bis in die letzten Kriegsmonate an, und die Flak-Batterien der Luftwaffe forderten weiterhin ihren Tribut von der US Eigth Air Force und dem RAF Bomber Command. Die 8,8-cm-Flak 41 war die am häufigsten eingesetzte schwere Fliegerabwehrwaffe und ist hier im März 1945 im Feuereinsatz zu sehen. Mit dieser schwerkalibrigen Kanone konnten Flugzeuge in einer Höhe von bis zu 10.600 m getroffen werden. Die »Acht-Acht« war eigens als Mehrzweckwaffe entworfen worden und hatte sich schon vor der Invasion in Polen als äußerst effektive Panzerabwehrwaffe erwiesen. Anfangs wurde sie von der Luftwaffe bedient, später wurden die Flak-Mannschaften aus dem Heer, der SS, der Hitlerjugend und sogar aus Frauenhilfsorganisationen rekrutiert. Die 8,8-cm-Flak wurde allgemein als eine sehr vielseitige Waffe angesehen und bis Kriegsende umfassend an der Westfront eingesetzt. Durch ihre große Höhe war die Kanone leicht auszumachen, in richtiger Aufstellung und mit einem freien Schussfeld konnte sie jedoch gegen vorrückende feindliche Panzer und Artillerie eingesetzt werden.

Oben: Ein Tiger-Panzer der SS rollt durch ein brennendes Dorf. An der Westfront gab es nur noch eine Handvoll solcher Panzer. Viele Deutsche waren jetzt bereit, sich zu ergeben, es kam aber immer wieder vor, dass die alliierten Truppen auf fanatische Einheiten stießen, die trotz des dafür zu zahlenden Preises und ohne Rücksicht auf ihr eigenes Leben keinen Schritt aus ihren Stellungen wichen. Letzten Endes gelang den alliierten Panzern die Ausschaltung dieser fanatischen deutschen Verteidiger, indem sie in zügigem Tempo über das Land preschten und Umfassungsangriffe durchführten. Jetzt waren es die Alliierten, die einen Blitzkrieg führten. Durch die Isolierung solcher hartnäckigen Widerstandsnester konnten die Alliierten im Land Fuß fassen und jeden noch vorhandenen Widerstand zerschlagen, bis die Deutschen zur Kapitulation gezwungen waren. Obwohl einzelne deutsche Einheiten immer noch in der Lage waren, den Alliierten in kleinen, räumlich begrenzten Schlachten einen Schlag zu versetzen und den Vormarsch vorübergehend zu behindern, fehlte es ihnen an der Kraft, die Situation entscheidend zu ändern.

Rechts: Viele SS-Soldaten hielten immer noch an der glühenden Überzeugung fest, auf dem Schlachtfeld zu Übermenschlichem fähig zu sein. Auch wenn die gewaltige Überlegenheit der Alliierten an Männern und Feuerkraft ihnen das Gegenteil bewies, kämpften sie weiter. Hier nimmt eine unabhängige Batterie von SS-Raketenwerfern eine angreifende alliierte Truppe unter Beschuss. Nebelwerfer konnten mit vernichtender Wirkung gegen offene feindliche Stellungen eingesetzt werden. Nachdem das Gebiet mit einem Hagel aus Sprenggeschossen belegt worden war, der normalerweise von allen noch vorhandenen Panzern unterstützt wurde, versuchte die SS sich einen Weg durch das alliierte Panzerabwehrfeuer zu kämpfen, wobei sie jede nur mögliche Deckung nutzte. Doch als jede militärische Organisation oder Verbindung fehlte, konnte nicht einmal die SS ausreichende Kräfte sammeln, um einen wirklich effektiven Schlag gegen den Feind zu führen.

Oben: Es wurden kaum noch Fahrzeuge geliefert, deshalb musste die SS bei der Beförderung ihrer schweren Ausrüstung auf alle möglichen Transportmittel zurückgreifen. Hier dient ein Feldwagen zum Ziehen einer alten 3,7-cm-Pak 35/36. Diese Truppen befinden sich im Februar 1945 irgendwo in Süddeutschland auf dem Rückzug. Alle Soldaten tragen die weißen Schneetarnanzüge, viele sind mit der Einheitsfeldmütze M43 zu sehen. Diese Feldmütze wurde ab September 1943 zur Standardkopfbedeckung bei der SS. Wahrscheinlich handelt es sich hier um eine in aller Eile aus allen im Gebiet verfügbaren Soldaten gebildete Einheit. Weil die Männer in solchen Einheiten sich nicht kannten und verschieden hohe Ausbildungsniveaus hatten, waren sie weniger effektiv als homogene Einheiten und erlitten auch schwerere Verluste als reguläre SS-Verbände.

Rechts: Dieser Gruppe von Panzeroffizieren der Wehrmacht und Waffen-SS ist das Lachen in ihrer ausweglosen militärischen Lage im Westen noch nicht vergangen. Zwei der Offiziere tragen die grüne Heeres-Tarnjacke im Splittermuster, das auf den schweren wendbaren Winteruniformen verwendet wurde, während die anderen Männer die mausgraue Tarnjackenversion tragen. Außer den speziellen Rangabzeichen wurden keinerlei Abzeichen oder Orden auf der Wintertarnkleidung getragen. Der Panzeroffizier in der Bildmitte ist Träger des Ritterkreuzes mit Eichenlaub und Schwertern.

Unten: Ein einsamer Tiger unterstützt eine SS-Einheit, die Ende Januar 1945 zum Gegenangriff ansetzt. Interessant sind die Nebelwurfbecher und die zusätzlichen am Panzerturm angebrachten Kettenglieder. Die Alliierten stießen in vielen Gebieten auf unterschiedlich schwierige Gegner. Einmal ergaben sich die Deutschen scharenweise einer Hand voll alliierter Soldaten, und im nächsten Moment wurde eine ganze Division vom hartnäckigen Widerstand einer einzigen SS-Einheit und eines Panzerfahrzeugs aufgehalten. Die wohl größte Gefahr stellten Angriffe aus dem Hinterhalt oder einzelne Scharfschützen dar. Diese mit minimalem Aufwand aus verborgenen Stellungen operierenden Männer konnten den alliierten Vormarsch zum Stehen bringen. Solche Angriffe aus dem Hinterhalt waren bei den Alliierten verhasst, einerseits weil sie unter den Männern im vorderen Gebiet für Nervosität sorgten, andererseits weil sie ihnen hohe Verluste zufügten.

Oben: Ein SS-Panzergrenadier macht sich bereit, seinen Panzerschreck gegen vorrückende alliierte Panzer einzusetzen. Der Panzerschreck beruhte auf der amerikanischen Bazooka, hatte aber ein größeres Kaliber und war viel wirkungsvoller. Die Waffe bestand aus einem Metallrohr, aus dem 3,3 kg schwere Hohlladungsgranaten mit Raketenantrieb verschossen wurden. Im Gegensatz zur Panzerfaust war der Panzerschreck wieder verwendbar und musste nicht nach dem Feuern weggeworfen werden. Die Waffe hatte eine größere Treffergenauigkeit als die Panzerfaust und erzielte im letzten Kriegsjahr einige Erfolge gegen die immer größere Zahl alliierter Panzer, die über die deutsche Grenze rollten. Die begrenzte Reichweite dieser Panzerabwehrwaffe bedeutete jedoch, dass der Schütze nahe an sein Ziel gehen musste, um einen Treffer zu landen, was großen Mut, Geschicklichkeit und Ausdauer erforderte. Interessant ist der abgerundete Schutzschild vor dem Abzugsmechanismus. Er sollte den Schützen vor dem starken Feuerstrahl der Rakete schützen – frühere Modelle besaßen diesen Schutz noch nicht, und man riskierte beim Abfeuern der Waffe schwere Verbrennungen. Leider verursachte der Feuerstrahl des Raketenantriebs einen unangenehmen Rückstoß, wenn dieser den Schild des Panzerschrecks traf. Die amtliche Bezeichnung des Panzerschrecks lautete RPzB. 54 oder Raketenpanzerbüchse 54. Die effektive Reichweite variierte zwischen 100 m bei beweglichen Zielen bis zu über 700 m bei unbeweglichen Zielen.

Oben: Als die Alliierten eine weitere Verteidigungsstellung im Westen durchbrechen, treten Panzergrenadiere der SS und der Wehrmacht den Rückzug an. Die Alliierten suchten die gesamte Verteidigung nach Schwachstellen ab. Sie sickerten an mehreren Stellen ein und nutzten ihre Mobilität, um eine große Zahl von Verteidigern abzuschneiden. In den meisten Fällen wurden die deutschen Truppen, selbst die fanatischen SS-Soldaten, durch die alliierte Übermacht zum Rückzug gezwungen. Nur ein paar wenige Führergläubige, meist junge Idealisten, die in der Hitlerjugend erzogen worden waren, wehrten sich vehement gegen den Rückzugsbefehl und zogen es vor, bis zum bitteren Ende zu kämpfen.

Rechts: Die ortsfesten deutschen Verteidigungsstellungen variierten beträchtlich in ihrer Stärke. Einige Waffen standen in soliden Geschützstellungen aus Beton, und alle möglichen Zugänge zu strategisch wichtigen Gebieten waren durch Minenfelder und Gräben gesichert. Andere, wie dieses gepanzerte Halbkettenfahrzeug mit einem 2-cm-Flak-Vierling 38, wurden zur Verteidigung einfach eingegraben. In dieser Kriegsphase wurden im Erdkampf an der von den Deutschen an der Westfront errichteten Verteidigungslinie Fliegerabwehrkanonen in großer Zahl und mit großer Wirkung eingesetzt. In den meisten Stellungen wurden auch Unterstände als Schlafquartiere für die Mannschaften sowie als Lager für Nahrungsmittel und Munition ausgehoben.

Links: In einem Wald irgendwo an der Westfront visiert ein SS-Soldat mit einem Sturmgewehr 44 sein Ziel an. Das StG 44 war das weltbeste und einzig wirkliche Sturmgewehr und vereinte die Charakteristika eines normalen Gewehrs und einer Maschinenpistole. Das StG 44 feuerte eine Kurzpatrone mit verkürzter Treibladung, war auf die übliche Kampfentfernung genauso treffsicher wie ein Gewehr und konnte als vollautomatische Waffe auch Dauerfeuer geben. Es wurde in kleiner Stückzahl erfolgreich getestet und ging im Juli 1944 in Serienproduktion. In den letzten Kriegsmonaten wurden über 425.000 Exemplare hergestellt, die Einzelkosten beliefen sich auf 66 Reichsmark. Die Soldaten trugen zusätzlich zu dem an der Waffe befindlichen Magazin sechs Magazine mit 30 Schuss bei sich, also hatte ein voll ausgerüsteter Soldat sieben Magazine mit insgesamt 210 Schuss bei sich.

Oben: Eine SS-Flak-Mannschaft bringt nach sinnlosen und verlustreichen Abwehrkämpfen gegen britische Angriffe eine 8,8-cm-Flak in Stellung. Zu diesem Zeitpunkt bemühten sich SS-Kommandeure immer noch verzweifelt, ihre Truppen zusammenzuhalten. Sie waren durch die unerwarteten Entwicklungen paralysiert und konnten ihre Verbände in der völligen Verwirrung, die nun auf dem Schlachtfeld eintrat, nicht organisieren. In vielen Abschnitten hatte der Zusammenbruch der Verbindungswege zur Isolierung einzelner Einheiten geführt, die nicht in der Lage waren, Kontakt mit einer höheren Befehlsstelle oder benachbarten Einheiten herzustellen. Als Folge wurden taktische Entscheidungen meistens spät getroffen und von den Ereignissen in katastrophaler Weise überholt, sodass eine Stellung nach der anderen an die Alliierten fiel.

Oben: Eine 8,8-cm-Flak wird bei Bodenkämpfen während eines Abwehrgefechts im Januar 1945 eingesetzt. Den deutschen Streitkräften drohte nun die endgültige Katastrophe. Immer wieder kämpften SS-Einheiten hervorragend und mit großer Tapferkeit, waren jedoch nicht in der Lage, die erforderliche Kampfkraft aufzubringen, um den alliierten Vormarsch zu verlangsamen. Es fehlte ihnen nun die Kapazität, einen Auftrag auszuführen oder einem Gegenangriff standzuhalten. Die Lage im Westen wurde noch verschärft durch den Rückzug von Sepp Dietrichs 6. SS-Panzerarmee, die auf direkten Befehl des Führers nach Ungarn verlegt wurde, wo sie für den Entsatz von Budapest und die Rückeroberung der ungarischen Ölfelder verantwortlich war. In der Zwischenzeit waren die mit letztem Einsatz kämpfenden Soldaten zum Rückzug gezwungen und erlitten durch den permanenten Beschuss durch alliierte taktische Flugzeuge und weitreichende Artillerie immer mehr Verluste.

Oben: Eine von vielen hunderten Verteidigungsstellungen mit 8,8-cm-Flak, die von der Luftwaffe, der Wehrmacht und der SS bei der letzten Verteidigung des Reiches 1945 errichtet wurden. Mit der aggressiven, schnellen Truppe des Jahres 1940 hatte die Waffen-SS jetzt nicht mehr viel gemeinsam. Schlachten wurden jetzt nicht mehr durch Bewegung entschieden – zumindest nicht auf deutscher Seite. Für die Verteidiger des Reiches war der Krieg zu einer aussichtslosen Zermürbungsschlacht geworden, in der sie von der gewaltigen Übermacht der Alliierten Schlag um Schlag aufgerieben wurden. 1945 bezeichneten die SS-Soldaten es schon als einen Sieg, wenn es ihnen gelang, den Gegner zu stören oder kurzzeitig aufzuhalten. Obwohl dies nicht offen ausgesprochen wurde, wurden sich die meisten innerhalb der Waffen-SS in den letzten Kriegsmonaten ihrer eigenen Schwäche bewusst. Die Befehlshaber lebten in ständiger Erwartung, überrannt zu werden. Zu Angriffen, wie sie die Waffen-SS früher geführt hatte, waren sie nicht mehr in der Lage. Hitlers Leibwache hatte sich zu einer Truppe entwickelt, die bei Bedrohung immer öfter auf allen Seiten zum Schlag ausholte, um der Vernichtung zu entgehen, oder womöglich einfach um einen Fluchtweg zu finden.

Unten: Eine Selbstfahrlafette »Marder« der SS im Einsatz Anfang 1945. Der dunkle sandfarbene Untergrund wurde mit einem weißen Wintertarnanstrich übermalt. Das normalerweise auf die Seite des Kampfraums aufgemalte Divisionszeichen ist nicht zu sehen. Gelegentlich sah man noch Panzer und Selbstfahrlafetten der SS und Wehrmacht, die in kleiner Zahl einen Angriff über das Schlachtfeld anführten, obwohl das in dieser Kriegsphase schon eine Seltenheit war. Wenn sie sich den feindlichen Stellungen näherten, ließen sie die Infanterie vorbei, um die Panzerabwehrkanonen auszuschalten, bevor dann wieder die Panzer übernahmen. Die Alliierten waren häufig schockiert über die Schnelligkeit, mit der eine ganze Einheit durch einen scheinbar unterlegenen und besiegten Gegner vernichtet werden konnte. Besonders die SS-Panzergrenadiere, die von ihrer ideologischen Indoktrination und ihrem blinden Führerglauben angetrieben wurden, zeichneten sich immer durch aggressives Vorgehen aus und fügten den Alliierten große Verluste zu.

DIE ENDGÜLTIGE NIEDERLAGE

Als der März in den April 1945 überging, näherten sich die Alliierten von Osten und Westen Berlin. Vor der amerikanischen Siegermacht hatte man eindeutig weniger zu befürchten als vor den Russen.

Die deutschen Einheiten, die die Linie westlich von Berlin hielten, mussten bald erkennen, dass die Westalliierten keine ernsthaften Versuche mehr unternahmen, sich zur Reichshauptstadt vorzukämpfen. Man befürchtete daher, dass die Einnahme Berlins ausschließlich der Roten Armee überlassen würde. In dieser Kriegsphase sahen selbst die in gemischten Einheiten im Westen kämpfenden Soldaten der Waffen-SS ein, dass der Krieg unwiderruflich verloren war. Kaum einer gab sich irgendwelchen Illusionen hinsichtlich der Behandlung in russischer Kriegsgefangenschaft hin. Der überwiegende Teil der SS-Soldaten rechnete nicht damit, die russische Gefangenschaft zu überleben, deshalb ging es vor allem darum, seine Waffen vor den Anglo-Amerikanern und nicht den Sowjets niederzulegen, wenn man sich schon ergeben musste. Die Angst davor, in Gefangen-

Links: Verteidigung bis zum Letzten – auf dem Rückzug der Deutschen vor den herannahenden Alliierten setzt ein SS-Flammenwerfer ein Dorf in Brand. Durch die immer größeren Verluste zeigten die Befehlshaber im Feld eine immer defätistischere Haltung. Ihre Armeen waren zersplittert worden und es gab fast keine Panzer mehr. Sie waren kampfmüde, denn sie wussten, dass sie nicht einmal voll ausgerüstet eine Chance gegen die alliierte Luftüberlegenheit hätten.

schaft der Roten Armee zu geraten, brachte viele Einheiten von Wehrmacht und Waffen-SS dazu, sich dem Gegner im Westen zu ergeben anstatt sich standhaft in den Osten zurückzuschlagen und von den Voraustruppen der herannahenden sowjetischen Armee vernichtet zu werden. Vielfach entfernten SS-Soldaten die Erkennungszeichen von ihren Uniformen, um sich Repressalien zu entziehen, wenn sie dem Feind in die Hände fielen.

Die meisten in der Waffen-SS werden sich wohl über das unmittelbar bevorstehende Ende des Krieges im Klaren gewesen sein, doch ihr Stolz und Zugehörigkeitsgefühl zur Einheit war immer noch so stark, dass sie ihre Pflicht bis zum bitteren Ende erfüllten. Als sich die Niederlage deutlich abzeichnete, machten sich fanatische Einheiten eifrig an die Umsetzung von Hitlers berüchtigter Politik der verbrannten Erde. Es wurden spezielle Sprengtrupps von SS-Soldaten ausgebildet und bei der Zerstörung von Fabriken, Bahnanlagen und Brücken eingesetzt. Einige arbeiteten im Untergrund und planten die Verminung von Gebäuden, die den angloamerikanischen Truppen wahrscheinlich als Unterkünfte oder Hauptquartier dienen würden. Die SS unterstützte darüber hinaus Spezialeinheiten, die nicht als Verteidigungseinheiten dienten, sondern in erster Linie die Aufgabe hatten, unter der kriegsmüden Bevölkerung einen Geist nationalen Widerstands zu wecken. Diese Gruppen schwärmten über die ihnen zugeteilten Gebiete aus und lynchten Zivilisten, die von der Partei als »Kollaborateure oder Defätisten« betrachtet wurden.

Eine weitere Untergrundbewegung wurde von Reichsführer SS Heinrich Himmler gegründet und ausschließlich von der SS ausgebildet: die Werwölfe. Die Freiwilligen sollten neben speziellen Sabotageeinheiten der SS für Sprengungen und Liquidierungen zum Einsatz kommen. Himmler wusste, dass mit diesen Untergrundoperationen der Krieg in Deutschland nicht mehr zu gewinnen war. Ihr Zweck war die Verbreitung von Terror, um den vorrückenden Feind lange genug aufzuhalten, um eine für das zerbröckelnde Reich günstige politische Lösung zu finden. Der endgültige Zusammenbruch des Reiches ging dann aber so rasch und umfassend vor sich, dass nur wenige dieser mörderischen Pläne noch in die Tat umgesetzt werden konnten.

Im April 1945 bestanden die SS-Divisionen nur noch dem Namen nach. Sie rekrutierten sich zum Teil aus einem bunten Haufen von Männern aus Wehrmacht, Kriegsmarine und Luftwaffe. Alte Veteranen aus dem Ersten Weltkrieg wurden ebenfalls noch für den Endkampf eingezogen, um die sich lichtenden Reihen zu füllen. Doch im Gegensatz zu ihren Pendants von der SS kämpften sie nicht mit Fanatismus im Namen des Führers – sie waren dort draußen auf dem Schlachtfeld für ihr eigenes Überleben und das ihrer Familien.

Wie schlimm die Lage für Deutschland in den letzten Kriegswochen auch war, es gab immer noch einige erfahrene SS-Kommandeure, die die noch übrig gebliebenen Männer mit bemerkenswerter Disziplin zusammenzuhalten versuchten. In der so genannten Festung Berlin beteiligten sich SS-Soldaten von der Westfront an der Verteidigung des großräumigen Stadtgebiets und verstärkten damit die Zahl der Verteidiger auf rund 200.000. Aber was konnten sie schon ausrichten im Vergleich zu der vom Osten auf die Stadt vorrückende Rote Armee, die eine Million Mann oder mehr zählte.

Die letzten und fanatischsten Verteidiger Berlins gehörten zu einer Kampfgruppe der SS-Leibstandarte unter dem Kommando von Wilhelm Mohnke.

Die Versorgung war dermaßen schlecht, dass die Soldaten mit einer Vielfalt von Waffen ausgerüstet wurden. Bei der Endverteidigung von Berlin waren mindestens 15 verschiedene Gewehrtypen und zehn Arten von Maschinengewehren im Einsatz, von denen viele aus den besetzten Ländern stammten.

Außerhalb von Berlin machten die angloamerikanischen Kräfte den Weg zum Sieg im Westen frei. Die Briten und Kanadier kämpften gegen die letzten noch übrigen Widerstandsnester im Norden, während im Süden amerikanische und französische Armeen Bayern überrannten und nach Österreich und weiter bis 50 km vor Prag und Wien vorstießen. In Österreich ergab sich die 9. Panzerdivision »Hohenstaufen« in Steyr den Amerikanern, gleichzeitig ergaben sich auch die Reste

Links: März 1945 – SS-Panzergrenadiere werden auf einer Selbstfahrlafette mitgenommen, auf die eine 2-cm-Flak montiert ist. Auf dem Anhänger des Halbkettenfahrzeugs wird die Munition für die Fliegerabwehrkanone mitgeführt. Zu dieser Zeit rechneten die noch übrigen Teile der Waffen-SS an der Westfront nicht mehr mit dem totalen Sieg. Dennoch empfanden praktisch alle SS-Soldaten absolute Loyalität gegenüber Einheit und Führer. Die jüngeren Männer hatten nie einen anderen Führer als Hitler gekannt, und einige wurden durch eine Mischung aus Fatalismus und blindem Glauben darin bestärkt, dass der Mann, den zu verehren man sie gelehrt hatte, ein letztes Wunder bewirken würde.

der »Leibstandarte Adolf Hitler« nach ihrem verzweifelten und verlustreichen Rückzug vor der Roten Armee. Auch den noch übrigen Kräften der wohl fanatischsten aller SS-Divisionen, der 12. SS-Panzerdivision »Hitlerjugend«, gelang es, von den russischen Kräften wegzukommen und sich bei Enns den Amerikanern zu ergeben. Die 16. SS-Panzergrenadierdivision »Reichsführer SS« ergab sich den britischen und amerikanischen Streitkräften bei Radstadt und Klagenfurt. Die 17. SS-Panzergrenadierdivision »Götz von Berlichingen« ergab sich schließlich am 7. Mai in der Nähe des Achensees den amerikanischen Truppen.

Diese abgekämpften Überlebenden hatten sich zweifellos mit bewundernswertem Mut gegen eine gewaltige feindliche Überzahl im Osten und Westen geschlagen, aber zu einem entsetzlich hohen Preis. Die SS-Division »Hitlerjugend« ging im Juni 1944 mit einer Kampfstärke von 21.300 Soldaten im Jugendalter in die Normandie. Nur 455 von ihnen – ungeachtet der Verstärkungen, die die Division auch erhielt – überlebten die nächsten zehn Monate, um sich erschöpft der US-Armee ergeben zu können. Obwohl sie letztlich geschlagen wurde, war die Waffen-SS zweifellos eine einzigartige militärische Formation. Ihre Methoden und ihre Aggressivität sind oft in Frage gestellt worden, jene, die gegen sie gekämpft haben, vor allem gegen die Elitedivisionen der SS, haben nie an ihrer Effektivität oder ihrem Kampfesmut auf dem Schlachtfeld gezweifelt. Als Kampftruppe waren sie eine Elitetruppe von Männern, die arrogant und zur gleichen Zeit todesmutig und effektiv waren.

Dass es den deutschen Truppen nicht gelungen ist, den Ausgang der Ereignisse im Westen 1944 zu ändern, lag nicht an fehlendem Können oder an mangelnder Ausdauer – Deutschland war einfach zu ausgedehnt und stand mit drei der größten Militärmächte der Welt an drei Fronten im Kampf. Die SS machte einen Unterschied aus: Ihre Kampfleistungen in der Normandie, bei Arnheim und in den Ardennen hielten die angloamerikanischen Kräfte davon ab, Deutschland schon viel früher zu erreichen. Aber in den wilden Schlachten im Osten und Westen wurde die ursprüngliche Elite so gut wie vernichtet. Alles was übrig blieb wurde in dem verzweifelten und letztlich sinnlosen Bemühen geopfert, die zusammenbrechenden deutschen Armeen an der Ostfront zu stabilisieren.

Oben: Ein Halbkettenfahrzeug Sd.Kfz. 251 und zwei Nachschublastwagen ziehen sich im März 1945 über einen kleinen Fluss zurück. Auf der gesamten alliierten Front fanden mehrere groß angelegte und kleinere Gefechte statt, die Keile in die immer schwächere deutsche Verteidigungsfront trieben. Deutsche Stützpunkte wurden von der alliierten Infanterie, Panzern, Artillerie und Fliegerkräften ausgeschaltet. Die SS-Grenadiere kämpften trotz der Überlegenheit der Alliierten außerordentlich tapfer, wenn man in Betracht zieht, dass sie abgeschnitten waren, viel zu wenige Männer hatten und ungenügend ausgerüstet waren. Die Deutschen waren auf dem Schlachtfeld große Opportunisten, ganz gleich wie schlecht die Lage zu sein schien. Sie waren immer darauf vorbereitet, zu agieren, und konnten nie ganz verstehen, weshalb ihre vorsichtigeren alliierten Gegner manchmal ihre Erfolge nur zögerlich auszunutzen schienen.

Rechts: Eine 7,5-cm-Pak 40 Anfang Januar. Mit den weißen um Räder und Kanonenrohr gewickelten Tüchern sollen die Umrisse der Kanone aufgelöst werden. Es ist zwar auf diesem Foto nur schwer zu erkennen, aber dennoch bemerkenswert, wie gut die deutschen Truppen einen Zugkraftwagen mit einer 8,8-cm-Flak vor einem Bauernhof getarnt haben. Unter den deutschen Soldaten herrschte mittlerweile Furcht vor den alliierten Jagdbombern. Selbst Veteranen betraten das Schlachtfeld mit einem Gefühl der Hilflosigkeit gegenüber der lähmenden Wirkung der Luftangriffe. Wie alle deutschen Truppen mussten auch die noch übrigen SS-Einheiten ihre Bewegungen hauptsächlich in die Nacht verlegen, um nicht von den alliierten Piloten entdeckt zu werden, die nach Belieben über dem Reich ihre Runden flogen.

Oben: Ein Granatwerfer-Trupp der SS nimmt vor dem Feuereinsatz letzte Einstellungen an der Waffe vor. Die vor der alliierten Invasion in der Normandie im Juni 1944 im Westen stationierten SS-Divisionen hatten keine Granatwerfer erhalten. Nach der Invasion von Nordfrankreich wurden den SS-Einheiten zwei schwere motorisierte Kompanien bewilligt, die jeweils mit einem Dutzend von 12-cm-Granatwerfern ausgerüstet waren. Innerhalb der SS galten die Granatwerfer bald als eine hervorragende Verteidigungswaffe, die MG-Nestern und anderen Verteidigungsstellungen die notwendige Feuerkraft gab, um sich auf dem Schlachtfeld erfolgreich halten zu können.

Links: Zwei gut getarnte SS-Männer im Gestrüpp während der verzweifelten Abwehrkämpfe an der Westfront. Beide sind mit dem Panzerschreck bewaffnet. In der Hektik der letzten Kriegsmonate verließen sich die Soldaten der SS und der Wehrmacht bei der Verteidigung gegen alliierte Panzer in immer größerem Maße auf tragbare Waffen. Jeder Panzerzerstörungstrupp war mit Panzerfäusten, Panzerschrecks, Panzerminen sowie leichten Infanteriewaffen gut ausgerüstet. In den letzten Kriegstagen setzte die Waffen-SS eine Vielfalt von Sprengladungen gegen Panzer ein. Darunter gab es auch magnetisierte, die an den Panzerwänden haften blieben.

Oben: Eine Mannschaft der Waffen-SS bereitet Anfang 1945 eine 10,5-cm-leFH 18M aufs Feuern vor. Diese ursprünglich als Infanterieunterstützungswaffe konzipierte Feldhaubitze wurde in Russland als Panzerabwehrwaffe in Dienst gestellt, als man erkannte, dass sie eine der wenigen deutschen Kanonen war, die es mit den sowjetischen Panzern T-34 und KV-1 aufnehmen konnten. Den Großteil des Krieges über wurden jeder deutschen Infanterie-, Panzer- und motorisierten Division mindestens zwei vollständige Bataillone mit drei Batterien zu je vier leFH 18 für ihre Divisionsartillerieregimenter zugeteilt. 1945 wurden für die noch verbliebenen leFH 18 für einen direkten Angriff auf Panzer panzerbrechende Granaten und Hohlladungsgranaten ausgegeben sowie auch die standardmäßigen Sprenggranaten für indirektes Feuer gegen Truppen – das heißt, wenn überhaupt noch Munition ausgegeben wurde.

Oben: Eine Flak-Mannschaft im Einsatz im März 1945. Die 8,8-cm-Flak hat keinen Wintertarnanstrich, sondern trägt immer noch das Sommertarnmuster aus braunen und grünen Linien auf dunklem sandfarbenem Untergrund. Die Kanone ist gerade abgefeuert worden, wie an dem aus dem Kanonenrohr über der Stellung aufsteigenden Rauch zu erkennen ist. Obwohl hunderte Kilometer der Westfront mit starken Flak-Verteidigungsstellungen gesichert waren, führte der allgemeine Zusammenbruch der Moral dazu, dass sich Einheiten, wenn sie von den alliierten Angriffsspitzen überrollt wurden, massenweise ergaben. Die Divisionen befanden sich in Auflösung und es blieben nur noch in alle Richtungen verstreute Gruppen aus demoralisierten Nachzüglern zurück, die ohne Ausrüstung oder Führung durchs Land streiften. Im April 1945 waren Wehrmacht, Luftwaffe und Waffen-SS nahezu vernichtet und verfügten nur noch über einen Bruchteil ihrer nominalen Stärke und wenig oder gar keine Panzer- oder Artillerieunterstützung.

Oben: Offiziere der Wehrmacht und Waffen-SS inspizieren eine Gruppe von weiblichen Sanitätshilfskräften. 1945 war auf deutscher Seite die medizinische Versorgung auf dem Schlachtfeld bis über ihre Grenzen strapaziert. Das medizinische Personal konnte seinen Pflichten nicht mehr ordentlich nachkommen, in erster Linie wegen gravierender Engpässe beim medizinischen Nachschub und Transport. Folglich blieben an der Front tausende Soldaten, die zu einem früheren Zeitpunkt im Krieg überlebt hätten, ohne Behandlung liegen und starben auf dem Schlachtfeld. Nach der NS-Anschauung gehörte eine Frau nicht in eine Uniform, weshalb Deutschland nur zögerlich weibliches Personal rekrutierte. Die deutschen Streitkräfte setzten Frauen nie in dem Maße ein wie die Alliierten, obwohl bei Kriegsende viele Frauen als Helferinnen in Sanitäts-, Fernmelde- und Flak-Einheiten dienten.

Rechts: Eine 2-cm-Flak im Einsatz an der Westfront, Anfang 1945. Einige SS-Einheiten versuchten immer noch, bei ihren taktischen Manövern mit Bravour vorzugehen, es fehlte ihnen aber an Führung und der nötigen Stärke, um Erfolg zu haben. In den Zermürbungsschlachten waren viele Veteranen umgekommen, und ihr Ersatz hatte oft geringen Kampfwert. Trotzdem setzte die SS eng konzentrierte Infanterie und Artillerie zur Bekämpfung feindlicher Durchbrüche ein. Die in fünf Kriegsjahren mühsam gewonnene Erfahrung ermöglichte es ihr, ihre Bewegungen immer noch geschickt zu verschleiern; ihre Feuerdisziplin konnte alliierte Einheiten immer noch in die Flucht schlagen. Gegen eine solche Übermacht zu kämpfen bedeutete jedoch, dass die SS von vornherein zum Scheitern verurteilt war.

Oben: Die Mannschaft einer 2-cm-Flak ist einsatzbereit und hält nach amerikanischen oder britischen taktischen Flugzeugen Ausschau. Bis 1945 hatte die alliierte Luftmacht die deutsche Luftwaffe vom Himmel über Deutschland praktisch vertrieben. Die wenigen noch vorhandenen Flugzeuge, darunter die revolutionäre Messerschmitt Me 262, operierten von getarnten Flugfeldern aus, die von einer großen Zahl von Fliegerabwehrwaffen umgeben waren. Die leichte Flak war besonders wirksam und stellte bei weitem die größte Gefahr für die in Baumhöhe operierenden alliierten Jagdbomber dar. Es stand eine große Zahl von Kanonen und Mannschaften zur Verfügung: Die alliierte Bomberoffensive hatte Deutschland gezwungen, beinahe zwei Millionen Soldaten und Arbeiter und drei Viertel seiner besten Artillerie für die Verteidigung des Reiches abzustellen.

Rechts: StuG. III Ausf. G rücken auf die schnell schrumpfende Reichsgrenze vor. Erstaunlicherweise verfügte die Panzerwaffe bei Kriegsende immer noch über 738 Sturmgeschütze. Seit der Landung der Alliierten an der Normandieküste hatten die Sturmgeschütze einen immer größeren Teil der SS-Panzerstärke ausgemacht. Obwohl sie als Angriffswaffen konzipiert waren, waren sie wegen ihrer niedrigen, starken Silhouette und dem geringen Treibstoffverbrauch eine ausgezeichnete Verteidigungswaffe. Das Sturmgeschütz wurde an allen Fronten erfolgreich eingesetzt, da es eine besonders effektive Panzerabwehrwaffe war.
Bei seinen Besatzungen und auch beim Gegner, der auf dem Schlachtfeld mit dem Sturmgeschütz konfrontiert wurde, genoss es beträchtlichen Respekt.

Oben: Das sind wahrscheinlich die allerletzten Tiger, die 1945 an der Westfront im Dienst waren. Obwohl der Tiger sehr langsam, sehr schwer und unwirtschaftlich war, war er an allen Fronten für seine tödliche Wirkung berüchtigt. Mit seiner starken Panzerung und gewaltigen Kanone konnte ein einziger Tiger in der richtigen Stellung ein ganzes Schlachtfeld beherrschen. Als in den letzten Kriegsmonaten Munition und Treibstoffvorräte zu Ende gingen, mussten Tiger-Besatzungen ihre Panzer aufgeben und, wenn Zeit dazu blieb, zerstören. Der Tiger war ohne Zweifel die potenteste gepanzerte Kampfmaschine der damaligen Zeit. Seine 8,8-cm-Kanone konnte die Panzerung der amerikanischen Sherman- und britischen Cromwell-Panzer auf eine Entfernung von bis zu 1000 m durchschlagen. Die meisten alliierten Panzer mussten hingegen auf kürzeste Entfernung herankommen, um eine Chance zu haben, den Tiger auszuschalten. Der Nachfolger des Tigers war der sogar noch stärkere Königstiger, der in den letzten Schlachten des Krieges zum Einsatz kam.

Rechts: Ein SS-Soldat begutachtet ein Geschütz, bei dem es sich um ein gut getarntes 7,5-cm-leIG 18 zu handeln scheint. Das Geschütz ist mit Blechteilen und einer Zeltbahn abgedeckt worden. Das leIG 18, für die Feuerunterstützung von Infanterieeinheiten in der Nahverteidigung entworfen, wurde 1929 in Dienst gestellt. Es wog nur 400 kg und feuerte eine 6-kg-Granate auf eine maximale Entfernung von 3375 m. Bei Kriegsausbruch war es das leichte Standardinfanteriegeschütz und wurde von den SS-Grenadieren eingesetzt. Mit Infanteriegeschützen verfügten die Einheiten der Waffen-SS bis hinunter zu Bataillons- oder sogar Kompaniestärke in Offensive und Defensive über ihre eigene Feuerunterstützung, ohne dass Artillerie angefordert werden musste.

Rechts: Eine SS-Panzerabwehrkanone im Einsatz gegen vorrückende alliierte Panzer. Die großen Rauchschwaden in der Ferne lassen darauf schließen, dass es zu einem schweren Zusammenstoß mit dem Gegner gekommen ist. Im April 1945 variierte der deutsche Widerstand beträchtlich. In vielen Gebieten kapitulierten die Verteidiger, ohne einen einzigen Schuss abzugeben, in anderen kämpften entschlossene Truppen erbittert weiter und verlängerten die Schlacht, bis sie sich schließlich auch ergeben mussten. Sowohl amerikanische als auch britische Kräfte nahmen ganze Kompanien deutscher Soldaten gefangen – mit ihren Unteroffizieren und Offizieren. Die Lage verschlechterte sich für die Deutschen zusehends. Nichts, was sie im Feld taten, konnte noch etwas am unweigerlichen Ausgang ändern.

Oben: Die Bedienung einer 3,7-cm-Flak 36, die als Mehrzweckgeschütz sowohl in der Flieger- als auch in der Panzerabwehr zum Einsatz kam, sucht den Horizont nach herannahenden feindlichen Truppen ab. Die auf dem Schutzschild aufgemalten weißen Streifen markieren die erzielten Treffer. Diese Mannschaft kam demnach auf insgesamt 45 Treffer. Die meisten werden Flugzeuge gewesen sein, obwohl die Flak 36 auch in der Bekämpfung leichter Panzer und ungepanzerter Fahrzeuge erfolgreich eingesetzt wurde. Bis April 1945 hatten die Westalliierten die Elbe erreicht. Es standen zwar noch SS-Soldaten an dieser Front im Kampf, die meisten zur Verfügung stehenden deutschen Ressourcen wurden jedoch in die Kämpfe gegen die Rote Armee im Osten geworfen.

Oben: Mit Panzerminen bewaffnete SS-Panzerzerstörungstrupps rücken vor. Die Mine war die kosteneffektivste deutsche Panzerabwehrwaffe des Krieges. Sie zerstörte feindliche Panzer selten vollständig, setzte sie aber sicher außer Gefecht, indem sie eine Kette oder ein Laufrad beschädigte. SS-Grenadiere setzten eine Vielzahl von Sprengladungen gegen Panzer ein und kamen dabei gefährlich nahe an den Feind heran, um große Trefferquoten zu erlangen. Bis 1945 war der Kampf gegen die Panzer zu einem brutalen Kampf ums Überleben geworden. In den letzten Kriegswochen wurden die Angehörigen von Heer, SS, Hitlerjugend und Volkssturm gezwungenermaßen zu Meistern individueller Panzerabwehrtaktiken und riskierten – und verloren – oft ihr Leben bei den Kämpfen aus nächster Nähe.

Oben: Als Deutschland unter den unaufhörlichen Hammerschlägen der Alliierten zusammenbricht, marschieren zwei erschöpfte SS-Grenadiere, voll gepackt mit Panzerabwehrwaffen, auf einer Straße dahin. Im April 1945 trafen amerikanische und sowjetische Einheiten bei Torgau zusammen und das Dritte Reich war in zwei Hälften zerschnitten. Die deutschen Streitkräfte sollten in den letzten Kriegswochen einen der größten Albträume in der Militärgeschichte erleben. Die Straßen waren kilometerweit mit Flüchtlingen und tausenden geschlagenen Soldaten verstopft. Jene Einheiten, die immer noch Kampfwillen besaßen, waren über eine verbrannte und zerbombte Landschaft verstreut. Männer, Pferdewagen und die wenigen noch übrigen Panzer und Fahrzeuge kämpften sich Richtung Osten, in der Hoffnung, genügend Zeit zu gewinnen, um den Flüchtlingen ein Entkommen vor der vorrückenden Roten Armee in den Westen zu ermöglichen.

Rechts: Es gehörte viel Mut dazu, einen Panzer nur mit einer Haftsprengladung anzugreifen. Die deutschen Soldaten wussten aber aus eigener Erfahrung, dass die Sicht vom Inneren eines Panzers so begrenzt war, dass man nicht mehr zu sehen war, sobald man auf ein paar Meter herangekommen war. Die größte Gefahr war, von den Panzerketten erfasst zu werden.

Unten: Wenn Treibstoff Mangelware ist, gewinnen einfache Transportmittel wieder an Bedeutung. Die deutschen Streitkräfte waren nie in dem Ausmaß mechanisiert wie ihr Ruf hätte vermuten lassen: Die Triumphe der Blitzkriege von 1939 und 1940 wurden durch eine kleine mechanisierte Angriffspitze erzielt, die in schnellem Tempo dem Gros marschierender Infanterie vorauseilte. Der gesamte Nachschub beruhte auf Pferden. Fahrräder eignen sich überraschend gut für die Bewegung von Truppen über kurze Strecken – und im Frühjahr 1945 erfolgten die Kämpfe nur noch über kurze Distanz.

Oben: Kriegsmüde Soldaten auf dem Rückzug durch die Ruinen einer deutschen Stadt im März 1945. Hier trottet eine gemischte Gruppe aus SS- und Wehrmachtssoldaten hinter einem Pz.Kpfw. IV Ausf. H eine Straße entlang. Bei Tageslicht rückten zurückgebliebene Gruppen und Kolonnen deutscher Soldaten niedergeschmettert Richtung Osten, schoben sich immer nur ein paar Hundert Meter auf einmal vor, um dann Halt zu machen und nach feindlichen Flugzeugen Ausschau zu halten. Wenn alles klar war, zogen sie wieder langsam weiter. Wenn es nach Stunden verzweifelter Anspannung Zeit für eine Rast war, ließen sich die Männer erschöpft am Straßenrand niedersinken. Sie saßen in endlosen schmutzigen, blutigen, müden Reihen, hielten nach Überlebenden ihrer eigenen Einheit Ausschau, um den Rückzug gemeinsam fortzusetzen. Von Zeit zu Zeit übernahm ein Offizier das Kommando und bildete schnell eine Kampfgruppe, um zum Angriff gegen den Feind anzusetzen.

Rechts: Sprengtrupps ziehen durch einen Wald an der Westfront. Einer der Soldaten hat eine Panzerfaust, eine Einwegwaffe, geschultert, der Soldat vor ihm trägt eine Munitionskiste. In ganz Deutschland wurden Sprengtrupps der SS, Wehrmacht und des Volkssturms ausgebildet, um Hitlers berüchtigte Politik der verbrannten Erde umzusetzen. Zum Glück für die Zivilisten, die den Krieg überlebten, verhinderten Albert Speer und das Oberkommando der Wehrmacht Hitlers Zerstörungspläne, der nicht wollte, dass das Dritte Reich ihn überdauert, indem sie dafür sorgten, dass die Führerbefehle nie weitergeleitet wurden. Das hielt aber einige SS-Trupps nicht davon ab, Zivilisten ausfindig zu machen und aufzuhängen, die von der Partei als »Kollaborateure und Defätisten« beschuldigt wurden.

Oben: Eine Gruppe von Pz.Kpfw. IV und ein Halbkettenfahrzeug Sd.Kfz. 251 rücken mitten am Tag über ein Feld vor. Der gute Zustand der ungetarnten Fahrzeuge lässt vermuten, dass das Foto im Herbst 1944 aufgenommen wurde. Bei Kriegsende im Mai 1945 belief sich die Stärke der Panzerwaffe auf 2023 Panzer, 738 Sturmgeschütze und 159 Flak-Panzer. Es ist unglaublich, aber das war ungefähr dieselbe Stärke, mit der die Wehrmacht im Juni 1941 zum Angriff auf Russland ansetzte. Obwohl die Panzerdivisionen immer noch auf dem Papier existierten, fehlte es ihnen an Organisation und Führungsstrukturen. Viele ihrer Panzerbesatzungen waren unerfahren, denn die meisten alten Veteranen und viele der Einheitskommandeure waren gefallen.

Links: Die letzte Verteidigung im Westen. Eine SS-Geschützmannschaft eröffnet das Feuer in einer sinnlosen und verlustreichen Schlacht gegen die vorrückenden feindlichen Panzerkräfte. Beachtenswert sind die schon verbrauchten Granathülsen am Boden. In den letzten paar Kriegsmonaten wurden viele Soldaten zu Wehrmacht und Waffen-SS eingezogen, die keine oder nur eine geringe Ausbildung hatten. Moral und Kampfeffektivität litten darunter. Wenige dieser neuen Rekruten glaubten an den Führer oder einen Sieg, aber sie leisteten den alliierten Invasoren überraschend starken Widerstand. Sie kämpften für ihr Heim und ihre Familie und glichen daher ihre Unerfahrenheit gleichermaßen mit Verzweiflung wie Mut aus.

Rechts: Ein interessantes Foto von Soldaten der Waffen-SS, Wehrmacht und Fallschirmjägern, die die militärische Lage vor einem StuG. III Ausf. G besprechen. Bei Kriegsende war es nicht ungewöhnlich, dass eine so bunt gemischte Gruppe von Soldaten zusammen kämpfte, besonders nachdem deutsche Widerstandsnester von den vorrückenden Alliierten abgeschnitten worden waren. Alle, die eine Waffe halten und abfeuern konnten, wurden zu schnell gebildeten Kampfgruppen zusammengefasst, um sich in ein sichereres Gebiet zu retten. Aber es dauerte nicht lange, bis es diese Sicherheit nicht mehr gab.

Oben: Die Waffen-SS begann den Zweiten Weltkrieg als Armee der NSDAP, als eine Leibwache für Adolf Hitler. Diese zahlenmäßig kleine Truppe war eine Elitekampftruppe, deren Aggression und Ausbildung auf vielen Schlachtfeldern entscheidend waren. Mit dem Fortgang des Zweiten Weltkriegs wuchs die Waffen-SS explosionsartig an, anfangs durch Rekrutierungen in Deutschland, dann durch die Aufnahme von Volksdeutschen aus den besetzen Gebieten. Sie entwickelte sich zu einer Art Fremdenlegion, der nicht-deutsche Soldaten aus ganz Europa angehörten, und war bei Kriegsende eine eine Million starke Truppe, die bei vielen der letzten Offensiven der Wehrmacht als Angriffsspitze eingesetzt wurde. Als glühende Fanatiker glaubten sie länger als irgendeine andere Gruppe an den Führer und den Endsieg, jedoch vergeblich, denn der Zusammenbruch des Dritten Reiches war nicht mehr aufzuhalten.

DIENSTRÄNGE DER SS UND IHRE ENTSPRECHUNG IN DER WEHRMACHT

SS	Wehrmacht
Reichsführer SS	Generalfeldmarschall
SS-Oberstgruppenführer	Generaloberst
SS-Obergruppenführer	General
SS-Gruppenführer	Generalleutnant
SS-Brigadeführer	Generalmajor
SS-Oberführer	Oberst
SS-Standartenführer	Oberst
SS-Obersturmbannführer	Oberstleutnant
SS-Sturmbannführer	Major
SS-Hauptsturmführer	Hauptmann
SS-Obersturmführer	Oberleutnant
SS-Untersturmführer	Leutnant
SS-Sturmscharführer	Stabsfeldwebel
SS-Hauptscharführer	Oberfeldwebel
SS-Oberscharführer	Feldwebel
SS-Scharführer	Unterfeldwebel
SS-Unterscharführer	Unteroffizier
SS-Rottenführer	Obergefreiter
SS-Sturmmann	Gefreiter
SS-Oberschütze	Oberschütze
SS-Schütze	Schütze

NAMENREGISTER